Découvrez des Jeux Gratuits en Ligne

Disponible Ici :

BestActivityBooks.com/FREEGAMES

5 ASTUCES POUR DÉMARRER !

1) COMMENT RÉSOUDRE LES MOTS MÊLÉS

Les puzzles sont dans un format classique :

- Les mots sont cachés sans espaces, tirets, ...
- Orientation : Les mots peuvent être écrits en avant, en arrière, vers le haut, vers le bas ou en diagonale (ils peuvent être inversés).
- Les mots peuvent se chevaucher ou se croiser.

2) UN APPRENTISSAGE ACTIF

Un espace est prévu à côté de chaque mots pour noter la traduction. Pour favoriser un apprentissage actif un **DICTIONNAIRE** à la fin de cette édition vous permettra de vérifier et étendre vos connaissances. Cherchez et notez les traductions, trouvez-les dans le Puzzle et ajoutez-les à votre vocabulaire !

3) MARQUEZ LES MOTS

Vous pouvez inventer votre propre système de marquage. Peut-être en utilisez-vous déjà un ? Sinon, vous pourriez, par exemple, marquer les mots qui ont été difficiles à trouver d'une croix, ceux que vous avez aimés d'une étoile, les mots nouveaux d'un triangle, les mots rares d'un diamant, etc...

4) STRUCTUREZ VOTRE APPRENTISSAGE

Cette édition vous offre un **CARNET DE NOTES** très pratique à la fin du livre. En vacances ou en voyage ou à la maison, vous pouvez facilement organiser vos nouvelles connaissances sans avoir besoin d'un second bloc-notes !

5) VOUS AVEZ FINI TOUTES LES GRILLES ?

Allez à la section bonus **CHALLENGE FINAL** pour trouver un jeu gratuit à la fin de cette édition !

Simple et Rapide ! Découvrez notre collection de livres d'activités pour votre prochain moment de détente et **d'apprentissage**, à juste un clic de distance !

Trouvez votre prochain défi sur :

BestActivityBooks.com/MonProchainLivre

À vos marques, prêts... Partez !

Saviez-vous qu'il existe environ 7 000 langues différentes dans le monde ? Les mots sont précieux.

Nous aimons les langues et avons travaillé dur pour créer les livres de la plus haute qualité pour vous. Nos ingrédients ?

Une sélection des thématiques d'apprentissage adaptée, trois belles parts de divertissement, puis nous ajoutons une cuillère de mots difficiles et une pincée de mots rares. Nous les servons avec soin et un maximum de plaisir pour vous permettre de résoudre les meilleurs jeux de mots mêlés qui soient et d'apprendre en vous amusant !

Votre avis est essentiel. Vous pouvez participer activement au succès de ce livre en nous laissant un commentaire. Nous aimerions vraiment savoir ce que vous avez préféré dans cette édition !

Voici un lien rapide qui vous mènera à la page d'évaluation de vos commandes :

BestBooksActivity.com/Avis50

Merci pour votre aide et amusez-vous bien !

De la part de toute l'équipe

1 - Adjectifs #2

```
P Y N Q O N E J R A D A N P K N
O G E U P F L P L Q Q Z C R R A
N E E M I N E R O V O G D O E R
O Y L A S M G F Y O K Z L D A A
S O V O N I A T S I Č Y O U T V
E C E V O P N E V A L S I K I N
N Y R I N J T W A H I L D T V I
A R O M Č J N W R U U A S I N C
E I D I I E O U D S B N H V O O
A M O N T V T W Z A Y Y Z N W H
U O S A A I D G M O Č N O O Z C
P Č T Z M L P D I V J I G Y I L
R A O Y A G P B D K M R L G M Q
C N J L R W V U N E U I H G O H
O I N V D I A M C G D Q P L P T
C S O M B T O C A Z D V C D H U
```

VERODOSTOJNO	NARAVNI
SLAVEN	NOVO
KREATIVNO	PRODUKTIVNO
OPISNO	MOČAN
NADARJEN	ČISTA
DRAMATIČNO	ODGOVOREN
ELEGANTNO	ZDRAV
PONOSEN	SLAN
MOČNO	DIVJI
ZANIMIVO	SUHA

2 - Formes

```
D H L J N E C A R Y Y D G P Q T
B O I N Z L D L O V U S T K Q R
H C L P W O I F B Y Y F Y P R I
C N S S E P K Z O C W O M M R K
S Q T W O R M V V K O C K A E O
O V A L N A B G I V I P K R J T
G A G B A D S O R I C P C E W N
Č K O T R I F R L G N B Z C U I
C R A J T M L K N A S P I L E K
W H T T S A Y S K V A D R A T N
Y L V A C R S F T P O L I G O N
A J L U V I R K K O L A G O V V
K W S R L P N R M S Ž R W R J A
P R A V O K O T N I K E E I E L
G L C V L T D N N N O F C Y O J
P R I Z M O Q E T O J S W V H E
```

LOK
ROBOVI
KVADRAT
KROG
VOGAL
KRIVULJA
STOŽEC
STRAN
KOCKA
VALJ

ELIPSA
HIPERBOLA
ČRTA
OVALNA
POLIGON
PRIZMO
PIRAMIDA
PRAVOKOTNIK
SFERA
TRIKOTNIK

3 - Force et Gravité

```
M Z Z B U O O N Č I M A N I D H
S A Č E J T D D T R E N J E L I
P T G Q Q Y T A K I N A H E M T
L I C N B F E V R R E T N E C R
A B I D E D Ž Y R M I I I F O N
N R Q J E T A T L A K T V R I S
E O N Z N G I M L H E S J L Z T
T R J Y F I V Z K Y M O K E I G
I B C G O P C R E N G N I E K I
A V G E V F V F O M N T I E A B
W E P R A Z D A L J A S L O N A
A T H L U N I V E R Z A L N O N
V I Q K I K I R H L L L Z F J
W R P K P V T R C J L R A M D E
T I Y A Y K O S Q V C U A H K J
C Š N Z L V L Y B S F J B J C P
```

OS
CENTER
ODKRITJE
RAZDALJA
DINAMIČNO
ŠIRITEV
TRENJE
VPLIV
MAGNETIZEM
MEHANIKA

GIBANJE
ORBITA
FIZIKA
PLANETI
TEŽA
TLAK
LASTNOSTI
ČAS
UNIVERZALNO
HITROST

4 - Adjectifs #1

```
G T B N E D V E N J T O N A P J
N E S A Č O P O N G E F E M R E
T Ž C F O N B M E M O P D B I L
O K L R N V A Z R S K D O I V W
N A K U V W E Y K V M R L C L E
T O H B I H U L S E V E Ž I A K
U N T K T G E M I S H U E O Č S
L R U J K H Y Y E K Q K N Z N O
O E M L A D T V D T O P T E A T
S D P O G R O M N O N D Z N M I
B O R A T A N E K S M I U B T Č
A M I D E N T I Č N O S Š Š T N
P O P O L N K Y J M L T J K E O
P P M A R O M A T I Č N O A A N
R W T G T Y Q V S S E C O R P I
D U O Y V M D D E N G P W L F U
```

ABSOLUTNO
AKTIVNO
AMBICIOZEN
AROMATIČNO
UMETNIŠKA
PRIVLAČNA
LEPA
EKSOTIČNO
OGROMNO
VELIKODUŠEN

ISKREN
IDENTIČNO
POMEMBNO
NEDOLŽEN
MLAD
POČASEN
TEŽKA
TANEK
MODERNO
POPOLN

5 - Instruments de Musique

```
T A M B U R I N K V F S O C L P
O Z O G K J Q O L N S W A Z Z G
G N O G I A T F A M A R I M B A
A F W A T Q A O R F T I Y C M T
F L F R A J L S I H R V K H A D
B M A D R Q I K N P R A Y E N T
O A D K A G N A E J S L H N D R
B P N R L C S S T O Z K J R O O
Q V W J B O B E N A E G H C L M
M T J Y O K T O R G L I C E I B
F L A V T A Y V I O L I N A N O
T R O B E N T A O M J T E U A N
R M H G R N Y N B N V P R E N L
V N E O L E Č N O L O I V W Q G
A F C P Z O J R A K P V U K K T
S B E Z L R R H Q H Y F J U I Y
```

BANJO	MARIMBA
FAGOT	TOLKALA
KLARINET	KLAVIR
FLAVTA	SAKSOFON
GONG	BOBEN
KITARA	TAMBURIN
ORGLICE	TROMBON
HARFA	TROBENTA
OBOA	VIOLINA
MANDOLINA	VIOLONČELO

6 - Herboristerie

```
N  Z  E  F  P  K  U  C  L  G  W  Q  K  B  Z  K
A  I  R  M  G  E  A  W  V  C  B  Q  C  A  I  O
R  T  R  B  F  U  H  K  Q  H  W  K  I  Z  Y  R
F  O  I  A  K  K  J  T  O  U  Y  L  G  I  E  I
A  M  Y  K  M  U  Y  N  R  V  H  K  J  L  W  S
Ž  E  V  V  R  Ž  H  A  J  A  O  Y  D  I  Q  T
K  T  A  I  Q  C  O  K  U  S  N  S  W  K  D  N
O  A  Z  S  C  T  B  R  O  S  O  S  T  A  L  O
R  J  P  Y  Y  P  J  L  I  Š  R  E  T  E  P  P
O  N  Č  I  T  A  M  O  R  A  A  S  E  V  R  T
M  A  Č  Z  V  M  G  E  I  Y  J  T  V  N  Q  C
A  J  E  E  D  O  O  H  T  M  A  A  C  J  U  Y
Č  I  S  L  F  D  U  T  W  Z  M  V  D  P  F  C
J  M  E  E  U  J  F  G  T  F  P  I  P  B  C  Y
H  I  N  N  D  Y  A  K  I  R  A  N  I  L  U  K
V  T  Z  A  S  G  N  O  Q  G  A  A  N  D  L  K
```

ČESEN	SIVKA
AROMATIČNO	MAJARON
BAZILIKA	META
KORISTNO	PETERŠILJ
KULINARIKA	KAKOVOST
PEHTRAN	ROŽMARIN
KOROMAČ	ŽAFRAN
CVET	OKUS
SESTAVINA	TIMIJAN
VRT	ZELENA

7 - Véhicules

```
E H M K H J H L C I S P A L T T
V A T A Q F E V K S P O L O K H
H V D R M K L T A E L D E L E W
Q L K A I F I P J N A M K A J S
E A R V P A K T N L V O I T A R
N K I A M V O O R O A R T E R A
U N C N O T P I O Č A N A L T K
E V U A B O T D V L C I M O N E
M O T O R B E R O B C C V U E T
B F R G O U R L T U G A E Q F A
G Q R H Y S A M B U L A N T A T
V C P C E C P N D F H T P V I D
S K U T E R O T K A R T A D O B
U E K Z O Q L O C V A W D K V N
M I N H E Y Q H M V Y B Y G S J
S K M R G I C O A V T O Y C Z I
```

AMBULANTA
LETALO
ČOLN
AVTOBUS
TOVORNJAK
KARAVANA
TRAJEKT
RAKETA
HELIKOPTER
MOTOR

PNEVMATIKE
SPLAV
SKUTER
PODMORNICA
TAKSI
TRAKTOR
VLAK
VAN
KOLO
AVTO

8 - Camping

```
J Y Z J R C O U L Y J Q H D W B
B Q Y J T A N I B A K E S I E L
J L F V K T Q D K N B A Z O U H
B N P R G O R A V A R A N E G L
L T U V Ž P O Ž A R F O Q U R O
C O Z I U L T Ž I V A L I J H O
K R V S Ž U O J O Q Z I V D G O
Y J V Z E N Š H U W J F K E D K
L U Č E L A M E R P O F Z N G J
N O C M K N P I T Y M P B P O J
K W E L E K O M P A S E Z Z U G
L T Y J H F G L D O D R G O Z D
O A Ž E R M A Č E S I V U V H Q
B R U V A B S T D J E W M U A Z
U A N I Č Š V O L O T S U P L N
K A R D C Z T M V E U L P D G Q
```

ŽIVALI   POŽAR
PUSTOLOVŠČINA   GOZD
KOMPAS   VISEČA MREŽA
KABINA   ŽUŽELKE
KANU   JEZERO
ZEMLJEVID   LUČ
KLOBUK   LUNA
LOV   GORA
VRV   NARAVA
OPREMA   ŠOTOR

9 - Écologie

```
S O R T A F L O Q B P R M N G K
D R B F T O F U K V O A P A K D
E P L B T J Q R V H D Z R R I V
P R E Ž I V E T J E N N O A O A
M H J F T K T V P R E O S V E O
Z A R N S M S T Z O B L T A A B
P B I E O O R R G G J I O J Y G
U I V G N N V U O P E K V I A D
C T Č K P T A P N M V O O C C K
S A O M U S J R K Y I S L A A G
D T M H K O Z C A S R T J T A J
F T Y L S N Y L F V I E C E R G
F L O R A J N Q D S N J I G E J
F A V N A A C G M U S I Z E J B
J R J Q O R Y Q F Š E M L V Y U
I E N I L T S A R A U O S M U Y
```

PROSTOVOLJCI
PODNEBJE
SKUPNOSTI
RAZNOLIKOST
TRAJNOSTNO
VRSTE
FAVNA
FLORA
HABITAT
MOČVIRJE

MORSKI
GORE
NARAVA
NARAVNI
RASTLINE
VIRI
SUŠA
PREŽIVETJE
SORTA
VEGETACIJA

10 - Géométrie

```
V  Z  P  O  R  E  D  N  O  D  R  Q  W  P  E  C
H  M  Z  P  O  V  R  Š  I  N  A  D  W  T  N  K
K  R  I  V  U  L  J  A  K  P  Z  Q  G  Z  A  H
L  T  Z  N  M  E  D  I  A  N  A  Q  K  V  Č  Y
T  O  T  A  J  I  R  T  E  M  I  S  D  O  B  Z
Q  K  G  J  E  R  N  Q  R  E  M  E  R  P  A  U
N  T  G  I  D  E  L  E  Ž  I  K  B  T  S  H  V
A  Z  K  R  K  B  Q  H  S  C  K  T  A  V  W  I
J  J  R  O  J  A  S  A  M  S  W  O  F  J  U  Š
I  L  O  E  G  B  C  Y  G  E  H  Z  T  P  K  I
Z  Z  G  T  U  E  N  L  O  G  T  H  P  N  P  N
N  R  R  T  R  P  R  F  Y  M  M  B  U  B  I  A
E  C  J  A  H  C  E  W  L  E  R  F  V  C  I  K
M  S  O  N  Č  I  P  V  A  N  O  T  L  Z  L  G
I  P  U  B  M  U  A  H  I  T  O  I  I  Q  S  I
D  K  Z  N  S  C  N  Š  T  E  V  I  L  K  A  M
```

KOT	MEDIANA
IZRAČUN	ŠTEVILKA
KROG	VZPOREDNO
KRIVULJA	DELEŽ
PREMER	SEGMENT
DIMENZIJA	POVRŠINA
ENAČBA	SIMETRIJA
VIŠINA	TEORIJA
LOGIKA	TRIKOTNIK
MASA	NAVPIČNO

11 - Les Médias

```
W  Y  P  Y  P  O  S  A  M  E  Z  N  I  K  R  O
F  O  T  O  G  R  A  F  I  J  E  N  U  T  A  N
H  Y  Z  V  C  Q  J  O  Q  A  B  G  T  E  D  L
I  S  I  P  O  S  A  Č  D  O  J  P  E  G  I  A
A  A  O  U  Z  D  D  O  I  N  S  L  L  B  O  U
M  S  L  I  K  E  Z  F  N  B  O  L  P  H  O  T
S  N  J  E  A  S  I  A  L  U  K  S  S  R  E  K
O  M  E  I  Z  O  B  R  A  Ž  E  V  A  N  J  E
L  Q  O  N  E  D  I  G  I  T  A  L  N  O  Ž  L
I  O  S  T  J  F  J  Z  C  H  W  Y  T  N  E  E
Č  I  K  P  R  E  P  G  R  N  H  I  R  V  R  T
O  P  P  A  O  M  A  F  E  R  K  L  N  A  M  N
R  Y  C  J  L  C  R  U  M  A  E  Z  O  J  O  I
O  F  W  U  S  N  V  S  O  D  E  J  S  T  V  A
P  T  G  Y  P  L  I  R  K  O  Y  L  W  N  Q  K
S  I  N  D  U  S  T  R  I  J  A  Q  K  F  T  H
```

ODNOS
KOMERCIALNI
SPOROČILO
NA SPLETU
IZDAJA
IZOBRAŽEVANJE
DEJSTVA
SLIKE
POSAMEZNIK
INDUSTRIJA

INTELEKTUALNO
ČASOPISI
LOKALNI
DIGITALNO
MNENJE
FOTOGRAFIJE
JAVNO
RADIO
OMREŽJE

12 - Philanthropie

```
G E V R D O B R O D E L N O S T
L D N E C I L J I K T W I J Q I
O P S N L S Z U G M U Y Q Q B S
B F R I I I Z G O D O V I N A D
A M F P Z F K P O Š T E N O S T
L U L U Z J D O P M D F F Z I P
N G H K I I Y M D R I U R U G O
O W S S V B M R Y U O S K E W T
R E G R I B R F V L Š G I W G R
G K K U A L J U D J E N R J N E
S K U P N O S T V O C A O A A B
V E S H I O T R O C I K N S M A
J R V J D Č L O V E Š T V O T I
I B G V A V T S D E R S A C M M
E N I D L N I S T I K I J V B V
A C O F M F I N A N C E I O H N
```

POTREBA
CILJI
DOBRODELNOST
SKUPNOST
STIKI
IZZIVI
OTROCI
FINANCE
SREDSTVA
LJUDJE

VELIKODUŠNOST
GLOBALNO
SKUPINE
ZGODOVINA
POŠTENOST
ČLOVEŠTVO
MLADINA
MISIJA
PROGRAMI
JAVNO

13 - Diplomatie

```
D  K  R  B  T  A  W  M  P  E  R  A  D  A  L  V
R  O  O  E  Z  H  O  M  S  T  E  K  H  B  R  A
Ž  N  D  J  Š  W  D  Z  I  I  S  I  U  D  O  R
A  F  A  N  C  I  V  I  C  K  O  T  M  O  U  N
V  L  S  A  P  Z  T  O  E  A  L  I  A  G  Y  O
L  I  A  V  D  R  G  E  G  T  U  L  N  O  J  S
J  K  B  O  M  I  A  Q  V  Z  C  O  I  P  R  T
A  T  M  L  S  O  S  V  H  S  I  P  T  P  I  S
N  I  A  E  N  S  P  K  I  I  J  V  A  K  U  O
I  M  P  D  S  E  K  C  U  Č  A  D  R  Z  T  T
J  Q  G  O  J  P  U  C  A  S  N  Z  N  C  Z  I
A  A  T  S  O  N  P  U  K  S  I  O  A  U  L  V
D  I  P  L  O  M  A  T  S  K  I  J  S  M  T  O
D  A  S  V  E  T  O  V  A  L  E  C  A  T  U  L
K  E  R  T  M  W  C  O  F  V  Z  W  Q  D  J  E
E  V  V  S  U  H  F  R  R  P  S  M  N  U  M  C
```

AMBASADOR	TUJ
DRŽAVLJANI	VLADA
CIVIC	HUMANITARNA
SKUPNOST	CELOVITOST
KONFLIKT	PRAVIČNOST
SVETOVALEC	POLITIKA
SODELOVANJE	RESOLUCIJA
DIPLOMATSKI	VARNOST
DISKUSIJA	REŠITEV
ETIKA	POGODBA

14 - Électricité

```
A E U Ž S V Y N B A T E R I J A
K F M O I M B E O D T H N K N M
O Z Z S K C I G L F O J R A H E
W M Q R F R E A N Q E R W B Z R
R R R H L K L T N C D L Q E H P
O N N E V I T I Z O P L E L T O
T W L H Ž Y E V W Y E Z I T U O
A V U Y E J W N V T I Č N I C A
R M D A H F E O P Z P K Č I O C
E L E K T R I Č A R R O I O J I
N W D L E L J U J S E L R C B N
E V F I N O J B Q M D I T L W R
G S C T G Z S P U H M Č K Y B A
C D T E A L A S E R E I E R R Ž
D K Q V M N Y M Q Z T N L W Y P
M V K S N I U K N O I A E Y P H
```

MAGNET
ŽARNICA
BATERIJA
KABEL
ELEKTRIČAR
ELEKTRIČNI
OPREMA
ŽICE
GENERATOR

SVETILKA
LASER
NEGATIVNO
PREDMETI
POZITIVEN
VTIČNICA
KOLIČINA
OMREŽJE
TELEFON

15 - Astronomie

```
L U M D D L F M O N O R T S A E
R N C Y M U S I E J N A V E S N
A E W V S N J Y P G F W V W E A
K B T A B A M B B J L U Y U D K
E O B Q Q E J R M O K I U V E O
T Z Q V J L S J K M R E C L K N
A T D M S U P E R N O V A A A O
I V V O B S E R V A T O R I J Č
O Z V E Z D J E R J I P B R I J
A S T R O N A V T L M V M Q S E
D I O R E T S A E M K E Z M K J
R F Q M O A P K Q E V M G E A L
M N Q Y Z C Z T N Z T W P T L O
A T S L Z O S N M Y S Y H E A S
P L A N E T K I S I R M F O G E
T V N Z S O N Č N I U N N R P V
```

ASTEROID	LUNA
ASTRONAVT	METEOR
ASTRONOM	MEGLICA
NEBO	OBSERVATORIJ
OZVEZDJE	PLANET
KOZMOS	SEVANJE
MRK	SONČNI
ENAKONOČJE	SUPERNOVA
RAKETA	ZEMLJA
GALAKSIJA	VESOLJE

16 - Physique

```
F  M  H  R  G  Y  C  E  O  K  S  R  D  E  J  U
H  R  O  T  O  M  E  B  Z  E  B  U  W  S  B  N
I  Z  E  L  G  R  G  M  P  M  N  D  N  T  P  I
T  K  Y  K  E  E  W  A  K  I  N  A  H  E  M  V
R  F  F  E  V  K  W  S  V  K  D  J  D  J  M  E
O  F  O  Š  Y  E  U  A  T  A  T  O  B  M  Q  R
S  T  R  E  Q  Q  N  L  I  L  C  P  R  E  B  Z
T  Z  M  P  P  K  V  C  A  I  I  J  M  Z  O  A
C  Y  U  S  A  A  G  U  A  J  Y  P  K  I  R  L
D  G  L  O  T  O  E  C  J  A  E  S  Y  T  I  N
N  E  A  P  T  S  O  N  V  I  T  A  L  E  R  O
Q  P  L  T  Z  G  E  A  M  M  M  S  S  N  B  Q
A  E  K  E  V  K  H  T  U  K  F  W  B  G  E  U
W  B  K  M  C  K  O  O  Q  O  M  C  U  A  T  R
G  O  S  T  O  T  A  M  T  R  L  K  U  M  I  K
P  L  I  N  T  E  E  L  E  K  T  R  O  N  P  R
```

POSPEŠEK	MASA
ATOM	MEHANIKA
KAOS	MOLEKULA
KEMIKALIJA	MOTOR
GOSTOTA	JEDRSKO
ELEKTRON	DELEC
FORMULA	RELATIVNOST
FREKVENCA	UNIVERZALNO
PLIN	HITROST
MAGNETIZEM	

17 - Types de Cheveux

```
W  M  I  T  P  Y  H  O  K  V  P  O  Y  N  Y  P
O  E  K  C  B  W  T  K  I  O  R  B  E  R  S  L
O  H  W  Q  K  E  T  A  R  K  D  V  Z  B  R  E
D  K  E  N  A  T  L  B  T  U  F  R  S  V  K  T
E  O  R  A  U  I  K  A  H  U  S  O  I  D  T  E
B  K  E  P  Z  K  F  N  B  L  O  N  D  F  Z  N
E  T  R  Z  I  V  L  R  W  A  V  W  L  P  O  O
L  F  K  L  B  H  A  Č  W  Z  A  K  C  C  P  K
N  P  I  G  M  K  Z  G  R  D  Q  L  T  G  I  R
C  C  T  S  A  Š  E  L  P  J  C  R  P  A  Y  C
D  V  S  D  Z  A  T  M  V  A  L  O  V  I  T  A
O  Y  A  I  S  Z  B  D  A  G  B  B  A  E  B  H
L  S  R  M  V  G  Q  B  J  R  F  P  R  I  V  R
G  Q  D  Q  D  A  N  R  R  U  V  P  D  A  L  M
A  M  O  A  O  S  T  J  U  S  S  Y  Z  M  U  K
H  S  K  W  G  S  K  G  Y  I  S  I  J  O  Č  E
```

SREBRO	SIVA
BELA	DOLGA
BLOND	RJAV
KODRI	TANEK
SIJOČE	ČRNA
PLEŠAST	VALOVITA
KRATEK	ZDRAV
MEHKO	SUHA
DEBEL	KITE
KODRASTI	PLETENO

18 - Archéologie

```
P O T O M E C V N P E V I E B G
P R S A Y T K R A E N K L H K R
R A O N C G Y E K V Z M I U U O
L Z N A L W K D I O C N B P O B
P I V L R Z O N T Y G E A K A N
R S I I Q G S O N E N D Z N Z I
O K R Z V R T T A P M Z O T O C
F O K A E A I E G D Q P P R E A
E V S F M J Y N L Q J I E I E Y
S A F O S I L J H O Q I V L J F
O L L K Z V H E W T Q Y P Y J E
R E K S L K A J N V O K O R T S
W C Z Y T I T E M D E R P L E D
Y T B J K L N C E I R E D W L K
W T W G C E Z O Y G L R B H K V
P U R K A R G F U E B A P L D N
```

ANALIZA	NEZNANO
LET	SKRIVNOST
ANTIKA	PREDMETI
RAZISKOVALEC	KOSTI
POTOMEC	POZABILI
STROKOVNJAK	PROFESOR
ERA	RELIKVIJA
EKIPA	TEMPELJ
VREDNOTENJE	GROBNICA
FOSIL	

19 - Mammifères

```
M  A  Č  K  A  Y  N  R  M  F  S  L  O  N  R  D
L  L  U  O  R  C  N  F  M  E  L  I  J  W  K  G
K  I  B  S  B  A  G  P  W  C  D  G  Y  Q  E  M
M  R  S  S  E  B  F  O  D  V  D  V  K  Q  N  A
I  O  A  I  Z  P  W  O  C  O  J  U  E  C  G  H
Z  G  D  C  C  U  F  Z  A  J  E  C  D  D  U  A
T  D  H  K  L  A  J  F  K  P  E  F  E  T  R  Y
K  H  E  I  R  F  F  L  E  V  G  W  L  I  U  M
B  R  Z  T  S  B  G  A  R  U  A  N  F  L  A  R
O  P  I  C  A  Y  R  D  R  O  S  E  I  U  T  M
Z  Z  A  S  B  J  A  T  E  I  T  Q  N  P  E  S
V  O  L  K  M  T  G  U  G  P  Ž  J  B  F  T  Q
T  F  J  G  K  N  Q  K  I  P  G  G  L  R  T  A
O  O  N  T  Q  F  W  T  T  O  J  O  K  G  H  S
S  H  M  U  U  U  H  I  I  N  T  P  P  N  S  J
Q  F  E  M  U  H  B  U  K  K  O  N  J  I  V  S
```

KIT	ZAJEC
MAČKA	LEV
KONJ	VOLK
PES	OVCE
KOJOT	MEDVED
DELFIN	LISICA
SLON	OPICA
ŽIRAFA	BIK
GORILA	TIGER
KENGURU	ZEBRA

20 - Chocolat

```
K W Y U D G U F E D N Z V P F N
S A L E M A R A K B I O H R V A
E M K S C Z E T S A Y M T E Y J
S O K O K U V Q O K A H W J N L
L R H O V E H F T Q R L Y N Q J
J A F M K O A N I V A T S E S U
P G L L K U S Y Č D J V E N U B
Z P T W R N S T N F I O B E R Š
E O D L I Č N O O S R Š M P O I
C A C A O J C K E L O Q A E K H
I C T E K Q C N M A L G R R D L
R E C E P T R E E D A Q F H A D
D U C I B Z L R V K K C D A L J
Q P C E T L Y G Y O T T A R S D
S L A D K A R I J E Z E U P S Q
A N T I O K S I D A N T G M U L
```

GRENKO
ANTIOKSIDANT
AROMA
SLADKARIJE
ARAŠIDI
CACAO
KALORIJ
KARAMELA
ODLIČNO
SLADKO

HREPENENJE
EKSOTIČNO
NAJLJUBŠI
OKUS
SESTAVINA
KOKOS
PRAH
KAKOVOST
RECEPT
SLADKOR

21 - Mathématiques

```
B R F Y U T O K V A D R A T Z U
F E K R L K A T O S V K O T I Q
P S T B O N J M T D N U D K I P
S R V M M K I N T O K I R T P R
S A E F E V R O J I A G G J T A
I R P M K G T N E N O P S K E V
M I O K E J E T N O N B A U O O
E T L C J R M O E G D H O P B K
T M M Y R V O K V I E F M D S O
R E E G K C E O Y L R Q G R E T
I T R P F W G V Q O O W Y H G N
J I J T T D K A N P P Q U Y N I
A K D U E Y R R S A Z O R D A K
L A L V H R A P C O V C W L L A
W C M P A R A L E L O G R A M J
E N A Č B A D E C I M A L N O I
```

KOTI	VZPOREDNO
ARITMETIKA	PARALELOGRAM
KVADRAT	PRAVOKOTNO
OBOD	OBSEG
DECIMALNO	POLIGON
PREMER	POLMER
EKSPONENT	PRAVOKOTNIK
ENAČBA	VSOTA
ULOMEK	SIMETRIJA
GEOMETRIJA	TRIKOTNIK

22 - Mythologie

```
J  C  B  G  Z  K  Č  A  R  O  B  N  O  R  E  S
A  Y  V  Q  M  J  L  R  N  W  T  B  B  Z  D  O
Y  V  H  U  K  J  N  A  T  S  A  Š  O  P  L  K
C  Z  V  Y  I  N  T  R  M  S  T  U  S  N  A
V  E  D  E  N  J  E  U  H  P  I  R  O  U  P  T
U  J  M  V  V  S  J  T  L  P  I  T  E  H  R  A
S  T  A  R  E  I  M  L  N  E  R  I  L  L  S
T  I  Š  W  J  K  U  U  Z  M  G  C  C  U  E  T
V  B  Č  Č  O  M  S  K  F  Z  U  E  T  M  M  R
A  I  E  V  B  O  O  A  B  U  M  Y  N  D  J  O
R  I  V  R  B  R  B  N  Y  C  U  W  I  D  O  F
J  H  A  O  Z  G  U  U  J  O  N  O  R  C  A  A
A  Q  N  U  R  M  J  J  W  H  S  J  I  R  K  K
N  I  J  C  M  W  L  J  R  I  J  E  B  E  W  J
J  T  E  Y  B  T  L  A  J  N  I  K  A  N  U  J
E  N  E  S  M  R  T  N  O  S  T  Q  L  W  K  W
```

ARHETIP	JUNAK
KATASTROFA	NESMRTNOST
VEDENJE	LJUBOSUMJE
USTVARJANJE	LABIRINT
BITJE	LEGENDA
KULTURA	ČAROBNO
STRELE	POŠAST
MOČ	SMRTNI
BOJEVNIK	GROM
JUNAKINJA	MAŠČEVANJE

23 - Restaurant #2

```
J U O T L H C S G K B M W I C O
M A E C I L I V J J Y O S G R D
C D J T O R T A Č A J I P P W J
I G D C Z L Z D R A A G S W Z W
P R A K A T A N H D K C O Q I F
S K S Z E L E N J A V A L J O Z
T O C V B O K O S I L O Z U R D
Q E L P I T Ž I Y W E S S H V V
C M R A R S L Z A J R O U A Q E
Z Z R Z T R I U F T P Q E Q B Č
G A D E L A C L M H P R F J F E
V Č F B Z U A S P G R Z H R Y R
A I J C I A T O D L I Č N O G J
P M Z B E Z N M H N U T I G A A
H B Z K U T S C V O D A G E P J
Y E V Z B L L I I J B S U P G V
```

PIJAČA	TORTA
STOL	LED
ŽLICA	ZELENJAVA
KOSILO	REZANCI
ODLIČNO	JAJCA
VEČERJA	RIBE
VODA	SOLATA
ZAČIMBE	SOL
VILICE	NATAKAR
SADJE	JUHA

24 - Beauté

```
B M C V W V D D U Z C T K T P M
Y I R S K O Z M E T I K A A S Z
W L S T L N V A Q J I C R T G Y
W O S I N T R A K F R E G J J I
Q S L L A N J A M O D A V R A B
O T M I R A E C P T O V K Č A R
O G M S N G S A Ž O K A Q Š R C
E V L T C E O D N G Y Š V F A W
L Q M E C L Y P Š E C I M F K S
E Q V B D E Q E A N L D K D S O
G I K B K A W V M I F I T G A L
A J L N J U L H P Č Z F Č I M J
N G L A D K O O O N P A B I B A
C Š M I N K A E N O B W L Y L S
E V T I R O T S Z M N M V A K A
W H D A Z G U M Y O I S E S M Z
```

KODRI	LIČILA
ČAR	MASKARA
ŠKARJE	OGLEDALO
KOZMETIKA	DIŠAVA
BARVA	KOŽA
ELEGANCE	FOTOGENIČNO
ELEGANTNO	ŠMINKA
MILOST	STORITVE
OLJA	ŠAMPON
GLADKO	STILIST

25 - Avions

```
N U Q A R E F S O M T A O N K P
A J N D A R G B E K B D T Q P U
P V K V W U B A J S B Z F B C S
I I I G O H W L R Z T O L I P T
H E N Š Z D H O O R V O P P V O
N Y T S I A I N N U P R P R Z L
I A O T L N Q K A R Z Q Q O V O
L R P W E O A E V M P Z N P L V
P R I S T A N E K F K C L E N Š
G O R I V O E L L I E L Q L V Č
N E B O R M G L M R C B H E T I
T U R B U L E N C A Z E H R I N
D U P O S A D K A S M E R J Q A
H R B U D U V E P J P P A I K Z
Y M Z V B U A P P K M O T O R T
Z G O D O V I N A Y A K B P W Z
```

ZRAK

ATMOSFERA

PRISTANEK

PUSTOLOVŠČINA

BALON

GORIVO

NEBO

GRADNJA

SESTOP

SMER

POSADKA

NAPIHNI

VIŠINA

PROPELERJI

ZGODOVINA

VODIK

MOTOR

POTNIK

PILOT

TURBULENCA

26 - Aventure

```
O V I E W S A C E O Y N E K R L
T A V A R A N E R P W J T D Z E
T R R Z Y P Z S C S O O O P Y P
E N O V I J L T E N E S E R P O
Ž O I A M S L E J C I L J I H T
A S V T C A G L L F J P N L I A
V T I Z I J O Z E W P V E O T J
N S Z I U N V I S R R B Š Ž S I
O O Z N T A E T E P I H U N K C
S N I E N V P R V G P Q D O N A
T V U V E O T I A I R U V S O G
G I E A Q T P K D R A T A T I I
Y T T R P O G U M F V V N E K V
C K P N F P O N N Q A Z P M Z A
P A W O N E N A V A D N O V O N
K F Z K Q M E L Y L Y A R O B T
```

AKTIVNOST

LEPOTA

POGUM

PRILOŽNOST

NEVARNO

CILJ

IZZIVI

TEŽAVNOST

NAVDUŠENJE

IZLET

NENAVADNO

ITINERAR

VESELJE

NARAVA

NAVIGACIJA

NOVO

PRIPRAVA

VARNOST

PRESENETLJIVO

POTOVANJA

27 - Ville

```
P  S  G  A  L  E  R  I  J  A  L  O  Š  O  L  L
V  E  U  S  I  P  N  S  B  K  R  N  I  K  E  E
V  Č  K  P  T  M  E  M  A  I  D  I  R  N  K  T
U  Š  Z  A  E  A  Z  Q  N  N  K  K  D  J  A  A
K  I  C  Z  R  R  D  T  K  I  A  V  N  I  R  L
L  L  O  R  A  N  M  I  A  L  K  V  H  Ž  N  I
K  A  T  E  Č  N  A  A  O  K  M  U  F  N  A  Š
L  D  F  V  I  C  O  Z  R  N  C  W  G  I  D  Č
B  E  O  I  L  Z  S  H  W  K  E  B  M  C  P  E
K  L  I  N  T  M  U  Z  E  J  E  N  H  A  Q  F
I  G  T  U  E  A  H  R  O  E  T  T  O  A  K  O
O  N  J  O  V  A  V  T  R  G  P  J  T  H  S  R
F  E  U  L  C  B  C  Y  F  G  P  F  E  I  T  D
R  E  S  T  A  V  R  A  C  I  J  A  L  Z  O  V
K  N  J  I  G  A  R  N  A  J  K  V  Z  O  R  G
Ž  I  V  A  L  S  K  I  V  R  T  S  T  T  P  C
```

LETALIŠČE	KNJIGARNA
BANKA	TRG
KNJIŽNICA	MUZEJ
PEKARNA	LEKARNA
KINO	RESTAVRACIJA
KLINIKA	STADION
ŠOLA	SUPERMARKET
CVETLIČAR	GLEDALIŠČE
GALERIJA	UNIVERZA
HOTEL	ŽIVALSKI VRT

28 - Ingénierie

```
P  A  H  J  G  H  J  P  M  M  S  S  Č  H  R  Y
S  R  K  G  I  L  A  J  I  C  A  T  O  R  W  T
T  D  E  J  R  C  O  Y  C  D  W  R  M  I  F  Y
A  E  E  M  L  Y  K  B  H  U  V  O  C  A  C  Q
B  Z  N  A  E  C  O  S  I  U  V  J  H  U  W  G
I  H  W  R  Z  R  T  I  K  N  U  Č  A  R  Z  I
L  M  E  G  I  U  L  T  Z  U  A  U  M  H  R  C
N  Z  N  A  D  I  S  T  R  I  B  U  C  I  J  A
O  D  E  I  U  I  K  W  M  O  T  O  R  F  I  J
S  O  R  D  K  T  C  I  O  L  L  I  H  V  A  N
T  T  G  N  T  O  L  A  N  I  Č  O  K  E  T  D
M  C  I  S  A  L  U  V  O  B  K  N  E  T  L  A
J  J  J  Q  C  J  C  H  Q  G  C  O  B  C  I  K  R
N  T  A  N  A  Y  I  F  O  H  T  Z  B  R  I  G
O  E  Z  E  I  S  Q  Y  P  Q  C  P  D  E  T  T
S  T  R  U  K  T  U  R  A  V  N  I  J  M  N  O
```

KOT	MOČ
OS	TEKOČINA
IZRAČUN	STROJ
GRADNJA	MERITEV
DIAGRAM	MOTOR
PREMER	GLOBINA
DIZEL	POGON
DISTRIBUCIJA	ROTACIJA
ZOBNIKI	STABILNOST
ENERGIJA	STRUKTURA

29 - Énergie

```
O N E S N A Ž E V A N J E W J M
V O C E L E K T R O N O K D Z P
I B N J K I I K I Y K R O E I J
R N O L B V D E F M B L U F V C
O O S O F H O B S K M G D E J V
G V D K G F V M O T O R E T E V
Q L I O Q L I N D U S T R I J A
Z J Z K J Y J E D A J O Q J S P
D I E Q F E Y I T N N P P E L H
A V L T H Z G Q K P J B U D E E
T U R B I N A T Z B N J C R O P
B Q H G G Y Q F B T E E U S L J
J Z Y R A J I P O R T N E K A N
Z S G C A J I R E T A B C O C Y
J O T O P L O T A R O T C I U M
E L E K T R I Č N I T N Q A N H
```

BATERIJA	VODIK
OGLJIK	INDUSTRIJA
GORIVO	MOTOR
TOPLOTA	JEDRSKO
DIZEL	FOTON
ENTROPIJA	ONESNAŽEVANJE
OKOLJE	OBNOVLJIV
BENCIN	SONCE
ELEKTRIČNI	TURBINA
ELEKTRON	VETER

30 - Cuisine

```
B  Z  J  C  Z  W  N  U  E  B  T  H  E  Z  N  V
V  N  N  C  K  Z  B  T  Q  Y  O  I  L  A  R  Z
A  Y  O  T  S  A  A  U  L  E  R  M  N  J  F  A
N  C  C  V  D  K  E  Č  I  L  T  O  K  E  P  M
V  I  L  I  C  E  R  C  M  U  Q  H  I  M  A  R
J  F  H  Q  D  Č  A  E  I  J  W  R  B  A  L  Z
U  G  M  E  G  I  J  C  C  L  B  A  N  L  Č  O
N  V  R  H  D  T  J  F  G  E  Ž  N  Z  K  K  V
C  T  T  K  Č  R  V  R  N  H  P  A  A  A  E  A
U  U  P  G  A  P  S  S  H  Y  H  T  Ž  D  W  L
H  L  A  D  I  L  N  I  K  N  O  Ž  I  A  N  N
S  K  L  E  D  A  G  A  M  Q  J  V  P  M  R  I
P  R  E  D  P  A  S  N  I  K  J  A  A  K  I  K
C  P  U  J  M  S  K  O  D  E  L  I  C  E  R  D
Z  A  Č  I  M  B  E  J  Z  T  G  O  B  A  I  G
V  C  I  Q  F  U  A  F  P  E  Č  I  C  A  L  N
```

PALČKE	VILICE
SKLEDA	ŽAR
KOTLIČEK	ZAJEMALKA
ZAMRZOVALNIK	HRANA
NOŽI	JAR
VRČ	RECEPT
ŽLICE	HLADILNIK
ZAČIMBE	PRTIČEK
GOBA	PREDPASNIK
PEČICA	SKODELICE

31 - Corps Humain

```
B T Y K T A O M K D C G T K E Z
V U A P K C P Q C T S H D T R J
Q H Z K I E F Q H P D M G F L Z
Y O B B D H M T S M V I K Q U P
U S T N I C E G B I L O H Č O W
U K O W N E C L O R T A K E V P
Q M B N A L R E B K A F N L O O
R O K A G O S Ž R P R D T J I P
F I W B Ž M Ž E A F V Q A U P D
A C A I O O E N Z T Q E D S A W
H E G J M K L J G L A V A T S U
K O L E N O O Q T Y U J W S U D
K R S R C W D I A O M Y H R P V
E O Q N R F E D L N E R H P U S
V U Ž L Y E C J W S J D D O K P
H U B A M A R F C O S J T F P F
```

USTA	USTNICE
MOŽGANI	ROKA
GLEŽENJ	ČELJUST
VRAT	BRADA
KOMOLEC	NOS
SRCE	UHO
PRST	KOŽA
ŽELODEC	KRI
RAMA	GLAVA
KOLENO	OBRAZ

32 - Biologie

```
S  I  U  H  L  Z  B  A  K  T  E  R  I  J  E  K
J  J  N  W  D  A  J  I  C  A  T  U  M  P  F  A
C  E  V  I  Ž  R  N  D  U  U  F  O  S  H  W  Y
E  E  Z  J  J  O  A  P  W  Z  C  N  D  Y  E  C
L  N  K  W  D  R  M  Y  J  O  B  H  W  S  J
I  F  I  C  H  E  A  A  N  A  T  O  M  I  J  A
C  O  K  V  I  K  V  O  O  Z  J  P  L  D  E  K
A  T  O  Z  O  M  N  D  R  O  V  L  Y  R  V  R
N  O  L  E  Q  K  I  V  V  M  T  A  D  L  O  O
G  S  A  S  P  H  A  A  E  S  R  Z  O  I  L  M
H  I  G  P  C  R  U  J  N  O  Z  I  H  K  U  O
T  N  E  A  O  A  E  Q  L  Z  T  L  O  R  C  S
O  T  N  N  V  P  Q  U  B  E  J  E  R  Z  I  O
Y  E  S  I  M  B  I  O  Z  A  B  C  M  V  J  M
C  Z  U  S  E  S  A  L  E  C  H  W  O  O  A  O
S  A  K  P  I  U  D  O  A  W  T  C  N  V  V  E
```

ANATOMIJA	MUTACIJA
BAKTERIJE	NARAVNI
CELICA	ŽIVEC
KROMOSOM	NEVRON
KOLAGEN	OSMOZA
ZARODEK	FOTOSINTEZA
ENCIM	BELJAKOVINE
EVOLUCIJA	PLAZILEC
HORMON	SIMBIOZA
SESALEC	SINAPSE

33 - Épices

```
L Z P G U K O Y I P K E N G O Č
H R Z Z O K N E R G S M W I E
P U E Z I R E D N A I R O K N B
K A Y P L O C M F B W K D L Ž U
C T P F V M K U R K U M A V A L
K U I R O A A T E M I C M R F A
A S R N I Č U J V F F D H S R O
R G E R I K Y T G D T J H L A K
D Y P M Y S A E N E S E Č A N U
A I O B F I O N I L D Q G D N S
M Z P Z Z F D G I I G K C K O Y
O F S J P H F J A N E Ž E O N W
M F Z O K U M I N A S U E G N E
I A J I L I N A V Q H Q W I S W
M F K Z N H J O O Z P U C W Q J
R M K Q B Y N K I S L O Q Y H J
```

KISLO	SLADKO
ČESEN	KOROMAČ
GRENKO	INGVER
JANEŽ	ČEBULA
CIMET	PAPRIKA
KARDAMOM	POPER
KORIANDER	ŽAFRAN
KUMINA	OKUS
KURKUMA	SOL
CURRY	VANILIJA

34 - Agronomie

```
E  K  I  I  A  R  Z  J  P  B  Y  A  Q  M  S  P
N  R  M  Q  N  Q  U  G  R  A  K  V  O  D  A  O
E  A  E  E  U  S  F  C  S  E  F  L  M  T  M  D
R  Z  T  D  T  U  V  K  T  J  H  T  K  U  Z  E
G  I  S  P  S  I  N  Z  E  L  O  B  I  R  N  Ž
I  S  I  I  A  A  J  I  G  O  L  O  K  E  A  E
J  K  S  Q  R  V  I  S  Y  K  M  G  C  B  N  L
A  A  Z  A  Y  A  P  H  T  O  M  C  R  W  O  S
O  V  S  C  J  J  M  N  O  V  H  N  Z  O  S  K
G  E  C  V  V  N  A  J  I  Z  O  R  E  R  T  I
E  L  Y  Z  I  E  S  E  M  E  N  A  A  U  B  T
D  Z  S  S  O  L  I  J  O  N  G  U  P  N  E  D
U  H  I  B  K  E  Š  T  U  D  I  J  A  O  A  Y
U  F  W  D  E  Z  M  N  H  G  C  E  W  T  P  K
P  R  O  I  Z  V  O  D  N  J  A  S  T  F  V  I
H  K  Y  O  N  E  S  N  A  Ž  E  V  A  N  J  E
```

KMETIJSTVO	ZELENJAVA
RAST	BOLEZNI
VODA	HRANA
GNOJILO	ONESNAŽEVANJE
OKOLJE	PROIZVODNJA
EKOLOGIJA	RAZISKAVE
ENERGIJA	PODEŽELSKI
EROZIJA	ZNANOST
ŠTUDIJA	PRST
SEMENA	SISTEMI

35 - Science

```
D  L  A  B  O  R  A  T  O  R  I  J  O  E  N  M
E  K  V  Q  O  K  U  D  P  W  Q  D  I  R  A  O
L  F  Y  M  S  U  K  S  O  P  A  T  O  M  R  L
C  D  E  J  S  T  V  O  D  E  A  H  G  T  A  E
I  K  T  A  D  O  P  F  N  I  J  R  J  O  V  K
H  I  P  O  T  E  Z  A  E  S  I  M  M  Q  A  U
O  M  E  T  O  D  A  Y  B  O  C  V  F  F  L  L
U  P  F  O  S  I  L  I  J  R  A  B  P  G  B  E
I  L  A  R  E  N  I  M  E  V  T  K  M  P  S  K
I  P  K  Z  B  O  R  G  A  N  I  Z  E  M  W  A
T  E  I  P  O  H  F  F  Y  F  V  J  D  Q  D  E
R  D  Z  I  I  V  A  J  I  L  A  K  I  M  E  K
V  T  I  T  O  E  A  N  Y  P  R  I  C  A  O  V
G  P  F  M  V  G  N  N  N  I  G  R  D  L  G  V
Z  N  M  Z  Q  L  W  A  J  I  C  U  L  O  V  E
A  V  R  U  U  G  S  R  S  E  G  C  Y  E  S  T
```

ATOM	LABORATORIJ
KEMIKALIJA	METODA
PODNEBJE	MINERALI
PODATKI	MOLEKULE
POSKUS	NARAVA
EVOLUCIJA	OPAZOVANJE
DEJSTVO	ORGANIZEM
FOSIL	DELCI
GRAVITACIJA	FIZIKA
HIPOTEZA	

36 - Vêtements

```
V K U B O L K I N S A P D E R P
E J F V I Z R I S T M K A D O M
Č E V E L J P L A Š Č A K S L S
Z C A E A A U J Z A V V E V I R
A I U U D O Š A U V Q B L R R A
P V T K N G N K L N R O B R K J
E A T T A R B N B S W J O Y E C
S K A V S L D A V I P K K T T A
T O L Q U I H W K T Q E J W I F
N R R R E C P Y P A K N L A T L
I S H Q Q A J I L H U Y M A J O
C J L F E K A L Ž Z A Z F G U V
A O A F P A W B L A C N P Y K G
P Z Č T V P R Y O E M H E Q V Q
V T E F B P N O M W R E W J J W
P U L O V E R P N P L A P V A Y
```

ZAPESTNICA
PAS
KLOBUK
ČEVELJ
SRAJCA
BLUZA
OGRLICA
ŠAL
ROKAVICE
KAVBOJKE

KRILO
PLAŠČ
MODA
HLAČE
PULOVER
PIŽAME
OBLEKA
SANDALI
PREDPASNIK
JAKNA

37 - Arts Visuels

```
P  K  A  L  Q  L  F  L  U  I  U  P  R  J  S  A
R  O  R  N  Q  K  I  O  S  N  Y  B  K  T  K  R
Q  I  R  E  P  K  I  N  T  E  M  U  P  U  U  H
Q  E  D  T  D  A  A  Č  V  P  I  P  G  G  L  I
J  V  K  A  R  A  S  A  A  O  G  L  J  E  P  T
G  L  I  N  A  E  J  R  R  V  O  S  E  K  T  E
K  G  N  I  V  E  T  S  J  K  Q  D  L  B  U  K
E  L  Č  V  I  Q  K  T  A  A  K  C  Y  Q  R  T
R  S  N  O  T  F  F  V  L  S  O  Q  N  L  A  U
A  O  I  R  K  R  U  O  N  M  T  O  K  U  G  R
M  E  V  T  E  C  Z  E  O  Y  L  O  K  Q  J  A
I  F  S  S  P  U  Z  N  S  A  J  H  J  Q  V  N
K  I  P  J  S  M  C  D  T  Y  S  O  A  A  N  G
A  L  N  O  R  S  E  S  T  A  V  A  K  I  L  S
M  M  S  M  E  J  Z  M  B  V  N  M  A  R  O  O
F  S  J  V  P  Q  B  Z  U  U  V  K  H  J  F  Z
```

ARHITEKTURA	SVINČNIK
GLINA	USTVARJALNOST
UMETNIK	FILM
KERAMIKA	SLIKA
OGLJE	PERSPEKTIVA
MOJSTROVINA	PORTRET
STOJALO	LONČARSTVO
VOSEK	SKULPTURA
SESTAVA	PEN
KREDA	LAK

38 - Méditation

```
J  Y  B  Z  R  Y  O  K  D  P  K  C  Z  V  Y  O
K  Z  F  F  D  B  P  L  C  I  F  O  I  B  Z  T
D  O  F  F  D  C  R  A  J  M  H  E  B  N  I  W
P  P  I  Q  S  M  T  S  O  N  Z  A  J  I  R  P
D  O  S  P  R  E  J  E  M  I  E  D  N  B  T  P
H  N  E  R  I  M  D  T  V  U  B  R  D  J  O  S
T  V  P  L  T  J  N  R  H  Z  U  Ž  I  O  E  P
I  E  A  V  A  R  A  N  R  V  D  A  Q  M  J  O
Š  Š  B  L  V  R  Y  M  C  A  E  V  B  E  N  Z
I  U  S  F  E  D  A  V  A  N  N  T  Q  T  A  O
N  D  A  N  V  Ž  G  E  D  W  S  S  L  U  V  R
A  O  L  W  U  S  N  O  Y  W  L  U  G  E  O  N
J  F  G  M  L  W  Y  O  U  F  S  Č  F  V  Z  O
U  A  V  I  T  K  E  P  S  R  E  P  B  P  A  S
J  A  S  N  O  S  T  E  J  T  U  Č  O  S  P  T
E  W  O  L  G  I  B  A  N  J  E  W  Q  W  O  Q
```

SPREJEM
POZORNOST
MIREN
JASNOST
SOČUTJE
ČUSTVA
BUDEN
PRIJAZNOST
HVALEŽNOST
NAVADE

DUŠEVNO
GIBANJE
GLASBA
NARAVA
OPAZOVANJE
MIR
PERSPEKTIVA
DRŽA
DIHANJE
TIŠINA

39 - Littérature

```
F A N A L O G I J A Y W M R T E
P I P R I M E R J A V A S L W B
J C K R Z T R A G E D I J A Z B
R D Q C R P B J Y F P I Z G R K
C I A V I V Q F V W P B M Q T Q
Y T T P N J I K Z O F C M R M R
P E M E A R A J I F A R G O I B
O M N L M R M D D M B P E S E M
E A E K O D I V C D J H O C T A
T M N S R U R M E T A F O R A N
I G J W I D I A L O G A B P Y A
Č Z E N T P G A N E K D O T A L
N Q M H N E O G C F B S E V A I
O Q H U O O L E J U Q V R K F Z
E S C K J C S E N B M E G V Z A
Z E S U C L A V T O R G Y M F T
```

ANALOGIJA	METAFORA
ANALIZA	MNENJE
ANEKDOTA	PESEM
AVTOR	POETIČNO
BIOGRAFIJA	RIMA
PRIMERJAVA	ROMAN
SKLEP	RITEM
OPIS	SLOG
DIALOG	TEMA
FIKCIJA	TRAGEDIJA

40 - Nourriture #1

```
U W M R E H M H J P T Č Y T K D
P F L O S V J R A A Y D E S D O
G Q E J N E R O K H G E N S T V
S E K D E A R S I U A O K I E A
O S O A M E O E L J G H D Y Q N
L K T M Č B E M I O D S E A R O
A N U T E C B T Z G Z B I V T M
T B N L J I A Č A N I P Š A N I
A T H H S M L C B J Y D T K G L
F S L C V E D G Y Z P E Q E Y B
S E J P I T K J M F Q J D Č N W
R O K D A L S P O M Z M Y E P S
O A K Š U R H R E P A H Q B R Y
O F Z L H I P K P Q L B A U I R
L L R J J D B L K H H L L L N O
U P D I V L W P U B C C A A O U
```

ČESEN	REPA
BAZILIKA	ČEBULA
KAVA	JEČMEN
CIMET	HRUŠKA
KORENJE	SOLATA
LIMONA	SOL
ŠPINAČA	JUHA
JAGODA	SLADKOR
SOK	TUNA
MLEKO	MESO

41 - Jours et Mois

```
P L K I A K T C U U F D F S O K
A O D O J S T E A D H E E E K S
F F N K L W I S D P A A B P T I
V T E E E E G E A E Y P R T O P
H O M T D C D M I N N R U E B M
C C W R E E L A Z Q W I A M E U
N G E T N E L D R Q Z L R B R D
S S N E I Y G J I N U J H E N T
A R T Č S G Z H E C B O N R Y C
C E P E T E K A L K E R O T B A
N D P W W T B O T S U G V A R Z
L A M J A N U A R K G Q E T S F
N H A J U L I J Z B F H M O O Q
B F R Q N U T Q D D H I B B D N
U M E Q E Z W U N G N B E O Q V
H N C V A Z M Q R M I T R S S J
```

AVGUST	TOREK
APRIL	MAREC
KOLEDAR	SREDA
NEDELJA	MESEC
FEBRUAR	NOVEMBER
JANUAR	OKTOBER
ČETRTEK	SOBOTA
JULIJ	TEDEN
JUNIJ	SEPTEMBER
PONEDELJEK	PETEK

42 - Jardinage

```
U K E G C V B J J M Q L H B I K
Ž H T W P V K O A U Y U I Z M O
I B B N D E E E T S R P J S P M
T R I W I C P T U A L N S Y T P
N T V Y W A O S N I N T A Z T O
A D O S O P Š R W I G I C L E S
J Z D V E Y P V O D A J Č O Q T
S A D O V N J A K K W U Z N U R
P O D N E B J E P T W M L Č I J
S E M E N A Y G Q C W A U I V J
B R G B F A G A L V L Z L T R H
Q W A U Q D D Y I E Z A T O S S
S E Z O N S K O S T G N J S A Q
A P G W J Y W A T K P I Q K C J
S M O P F R V W J Z J J N E W K
K H C I W Q G L E F N A Y E N K
```

BOTANIČNI
ŠOPEK
PODNEBJE
UŽITNA
KOMPOST
VODA
VRSTE
EKSOTIČNO
LISTJE
LIST

CVET
CVETNI
SEMENA
VLAGA
POSODA
SEZONSKO
UMAZANIJA
PRST
CEV
SADOVNJAK

43 - Entreprise

```
T T D D E K O N O M I J A E H S
R O A E A N R A S I P B U N Q T
G V D L L V W M D O B I Č E K R
O A J N T O K F O M Q N K D E O
V R A N E D D I Z F F W U L D Š
I N J P C I P A B W O P L D O K
N A I R N N O A J A D O R P H I
A J C O A K D Z N A W R I O O B
F W K R N A J N E N L S P P D G
M Q A A I R E W L A V E R U G D
Y O S Č F I T H A L G A C S Z I
D G N U Q E J C B O W S L T J I
K U A N Y R E I K Ž Z B P U J V
B V R W P A Z I K B E E B B T W
U M T P A S N H F E J M W C Z A
U E J G I F Z A P O S L E N I O
```

DENAR	EKONOMIJA
TRGOVINA	FINANCE
PRORAČUN	DAVKI
PISARNA	NALOŽBE
KARIERA	DOBIČEK
STROŠKI	DOHODEK
VALUTA	POPUST
DELODAJALEC	TRANSAKCIJA
ZAPOSLENI	TOVARNA
PODJETJE	PRODAJA

44 - Activités

```
P I G R E B A C E T E J M L S P
L O T D N A R E J G N G U Z P R
K P H L U V W S N H L Z G M R O
U F R O Q E U M E T N O S T E S
F Z H Z D J B C J Z P C Q P T T
V O E R U N P I R E Y L T K N I
K Š T V J A I T A W G I E H O Č
A I S O Q R F Š N J M J O S S A
M V O A G B E Z T O B R T I T S
P A N L U R O Q R V O E L P Q R
I N V P W C A N V O O H I P D I
R J I D O B D F F L V R V Z T B
A E T E A F A K I M A R E K O O
N R K O L L D D I J Z H C F W L
J N A J I G A M O Z A K I L S O
E U T M U Ž I T E K Q F B F Q V
```

AKTIVNOST

UMETNOST

OBRTI

KAMPIRANJE

KERAMIKA

LOV

SPRETNOST

ŠIVANJE

PLES

VRTNARJENJE

IGRE

BRANJE

PROSTI ČAS

MAGIJA

SLIKA

RIBOLOV

FOTOGRAFIJA

UŽITEK

POHODNIŠTVO

45 - Fleurs

```
Q Z N A N Q S H I B I S K U S O
W E A U B A C I T E J R A M L R
Š O P E K L J D V A B K J J Q H
O D I T A I V C G K Q S S M Z I
T J L A M L H O N I A S N C M D
P L U M E R I A L N F R D T B E
H T T A J G A K N O J I S A P J
M R Q N S H J U T T A R G E R A
V A K W D B L H D O S K L Z J M
V F G O G H E H Y P M D E U T S
L R N N O W T S I L I N T E V C
I N T H O J E U M G N R N A U R
J W N N F L D A A Y A Z H D F P
A Z M L I P I S O N Č N I C A Y
S M K F D C A J I N E D R A G R
H J A L U J A Z A W E N Z N F F
```

ŠOPEK	PASIJONKA
GARDENIJA	MAK
HIBISKUS	CVETNI LIST
JASMINA	REGRAT
SIVKA	POTONIKA
LILA	PLUMERIA
LIJA	VRTNICA
MAGNOLIJA	SONČNICA
MARJETICA	DETELJA
ORHIDEJA	TULIPAN

46 - Nourriture #2

```
M G O B A W V K I V I G Y C E U
Š A Q E M U E O Č F Q Y O U Q C
U J N M T H D T P O Y L Y T K B
N N H D I Y Y G I K K H C N I A
K Š W P L P R F Š L P O M B N N
A E Y Z O J L A Č O Y N L I Ž A
B Č Z Z K K E Z A B B W C A I N
W Y C C O C B V N A P Z P W D A
G C F A R W I P E J B I Š Q A A
U I U O B M R J C B Q C E E R R
J A J Č E V E C A I U L N K A D
A B J J C B J V T J Y Q I I P V
N O H I O H T K P T C G C L P C
Q M U Y D M A N G O T E A A Z K
A G R O Z D J E P W T O R S Q D
M M K P U H O R I Ž Z E L E N A
```

MANDLJEV	KIVI
JAJČEVEC	MANGO
BANANA	JAJCE
PŠENICA	KRUH
BROKOLI	RIBE
ČEŠNJA	JABOLKO
ZELENA	PIŠČANEC
GOBA	GROZDJE
ČOKOLADA	RIŽ
ŠUNKA	PARADIŽNIK

47 - Algèbre

```
C  P  T  I  F  V  U  B  W  N  J  S  G  S  L  O
E  J  N  A  V  E  T  Š  D  O  H  I  R  F  U  P
P  O  E  N  O  S  T  A  V  I  T  I  A  A  K  M
T  S  N  R  F  O  S  J  G  U  Y  S  F  K  O  L
Q  U  O  Č  K  O  L  I  Č  I  N  A  W  T  H  C
U  S  P  E  A  K  L  I  V  E  T  Š  S  O  F  M
Y  V  S  D  O  P  F  O  R  M  U  L  A  R  C  S
A  E  K  L  H  J  A  P  E  L  K  O  M  L  Q  R
E  W  E  S  W  I  O  N  M  V  K  D  O  G  E  F
J  Y  L  U  C  Z  B  N  E  S  K  O  N  Č  N  O
K  U  K  G  N  U  J  U  L  W  U  H  R  Y  G  V
M  A  T  R  I  C  A  L  B  Y  O  P  A  W  A  N
D  I  A  G  R  A  M  O  O  G  I  J  E  V  W  I
J  K  U  T  Z  T  Y  M  R  Z  Z  E  N  A  W  Č
G  R  S  T  T  D  P  E  P  R  E  Š  I  T  E  V
E  N  A  Č  B  A  P  K  P  U  Q  M  L  Z  N  L
```

DIAGRAM
EKSPONENT
ENAČBA
FAKTOR
NAPAČNO
FORMULA
ULOMEK
GRAF
NESKONČNO
LINEARNO

MATRICA
ŠTEVILKA
OKLEPAJ
PROBLEM
KOLIČINA
POENOSTAVITI
REŠITEV
ODŠTEVANJE
NIČ

48 - Océan

```
S Q F R Z G A P A M T Z B O R U
I D B H H L O S E P I K S R O M
G B D Q A B E B I R G B V O T K
N M C U R U K I A O A N U T Z W
R Q K M F V T M C Ž K I D Q U
D O F P O A T H I V E N P E Z C
T E K O R A L E Z Q L E F J S W
H Z L B A D Y G O J V B B N R Z
O U H F S A Y I K N A E W A P K
B D W K I Y B R M T J R E V D P
O E U F V N Č T R Y L G Z O R O
T M F J O V O S I R U P L M G O
N V T Q L F L O J K G E K I T J
I Z V W A U N U B R E E A L L D
C U Q W V C C U N F J D N P H B
A E M O V A B Q Y D O Q I G B J
```

JEGULJA
KIT
ČOLN
KORALE
RAK
KOZICA
DELFIN
GOBA
OSTRIGE
PLIMOVANJE

MEDUZE
RIBE
HOBOTNICA
MORSKI PES
GREBEN
SOL
NEVIHTA
TUNA
ŽELVA
VALOVI

49 - Remplir

```
F V P C G D P Y W I V O M D V G
N U R E L U R P Z T A J E S J M
Q I E Z Ž H A A K E Y N S H N Z
T Z D A K E Č V O K J V U O E H
Q T A C O J J M L A P A M L D J
C O L I V O L P R P A Y I P A T
R K Q N U B S B N V E D R O L M
G O R J E A B R O T L Q A E P Q
Y N A O P Z J R K C H L J N N V
L K Q V K O A L T A K Š D D U E
R E I O U F R B G Z N W A G Q W
E Z Y U Y D A P V A M V C K S K
F L O M S O Š Z V V R Z E B N D
H R H F L G O N O T N K V O M A
A C I N E L K E T S M G V N R Z
D Q K Y B D M V F K Q R L N K Y
```

KAD
SOD
BAZEN
ŠKATLA
STEKLENICA
ZABOJ
MAPA
OVOJNICA
PLOVILO
KOŠARA

PAKET
PLADENJ
ŽEP
JAR
TORBA
VEDRO
PREDAL
CEV
KOVČEK
VAZA

50 - Antiquités

```
V S N S H I K Q T N N R I G T K
E B Y G J G B V W E V P N P K O
R T O N E H P O C S R O D H Q V
O S A I G T M Y G E F F Z B V A
D O N T N A G E L E N V W N T N
O V S S C J L S R F T A P E S C
S O A O E J T E L O T S O N W I
T K R N B H W Z R O A D H A U U
O A K D Ž M U I S I G H I V W U
J K O E O G R T L L J B Š A L G
N J B R L B T K I G B A T D O E
O U W V A D V R K F M B V N B N
U M E T N O S T E O M Ž O O N O
K I P A R S T V O C Q A P K O R
S T A R B O T E J P C R V E V H
R T P F Y N A K I T K D O O A L
```

UMETNOST	SLIKE
VERODOSTOJNO	KOVANCI
NAKIT	CENA
OKRASNA	KAKOVOST
DRAŽBA	OBNOVA
ELEGANTNO	KIPARSTVO
GALERIJA	STOLETJE
NENAVADNO	SLOG
NALOŽBE	VREDNOST
POHIŠTVO	STAR

51 - Boxe

```
M M N R L N B F T N K N M T R R
H M Q A D A R B K P O P G S D N
B R C I S G M U E E M B I F J U
F T T C Y P U Z T S O H Z W T W
O G Y H P I R T B T L M Č O M K
K Q E Y F H I O U O E R R A V M
U U J N Q B E W T E C L P C R J
S B P K O Q Q H P N A P A R U E
S O D N I K G V I O I G N G K C
C O W B W B C E R R G K G H O I
C E N O V Z O B N O V I T E V V
Z N V R H L A R M L C Z O U G A
V A Y E P I V R V I H L U R N K
O R J C A I T S O N T E R P S O
L G C N U B L R A U M L N N G R
F U D U N L E O O L E T O Č K F
```

NASPROTNIK	KOMOLEC
SODNIK	BRCI
RANE	IZČRPAN
ZVONEC	MOČ
VOGAL	ROKAVICE
BOREC	BRADA
SPRETNOST	PEST
FOKUS	TOČK
VRVI	HITRO
TELO	OBNOVITEV

52 - Réchauffement Climatique

```
G Z P I B S P Z T N N V W I V I
E D O N D O R A N D E M T W J N
J J D Q E J I C A L U P O P Y D
I Y A S R F H F Z Z M F D V E U
C K T M T S O N R O Z O P F C S
A P K G U D D I R L S S G U E T
R O I V T Q N L V A A O V A N R
E J B E N D O P F V Z S P R E I
N Z J A U E S E Q L P V K C R J
E K Y N E Z T D J A D Z O O G A
G R P G Q Z Y E H D K F M J I L
H I W M A L J E Q A Z I M D J U
Z Z O K O L J S K I Z G T P A V
S A J A D O N O K A Z I U K H N
H A B I T A T I L W H I S B R J
Z N A N S T V E N I K S U S R A
```

ARKTIKA
POZORNOST
PODNEBJE
KRIZA
RAZVOJ
PODATKI
OKOLJSKI
ENERGIJA
PRIHODNOST
PLIN

GENERACIJE
VLADA
HABITATI
INDUSTRIJA
MEDNARODNO
ZAKONODAJA
ZDAJ
POPULACIJE
ZNANSTVENIK

53 - Ballet

```
G O B Č I N S T V O A L G A I L
O R K E S T E R O V O M Y P N M
L R L J L E T A D A L K S L T G
S E A G C T W R K J W P G A E A
Z A W A T S E G K A P S L V N Y
T S N J H O N Z A R Z I A Z Z I
D C C I W N M T W S Y C S F I G
P P D F M T P B A C D L B N V A
F L B A L E R I N A D A A V N C
K Q N R T R J M Q M M S F A O T
A T Q G A P M I Š I C E K K S E
T R B O D S E H C Y L L L S T H
P Y W E H I T O N K V P N Z M N
D G O R P A I M L P E E Y W D I
I Y H O V I R E N I P L H Z Q K
A J A K Š I N T E M U H G F Z A
```

APLAVZ

UMETNIŠKA

BALERINA

KOREOGRAFIJA

SPRETNOST

SKLADATELJ

PLESALCI

IZRAZNO

GESTA

INTENZIVNOST

LEKCIJE

MIŠICE

GLASBA

ORKESTER

OBČINSTVO

VAJA

RITEM

SLOG

TEHNIKA

54 - Fruit

```
S  W  R  I  F  P  O  R  H  N  K  L  G  T  J  P
E  W  R  Z  L  A  Z  R  N  Q  O  I  K  V  A  L
B  T  N  N  Q  P  W  N  A  K  Š  U  R  H  B  W
E  U  W  R  I  A  F  A  F  N  R  Z  V  A  O  T
Y  A  N  I  Y  J  J  N  N  O  Ž  J  I  V  L  B
F  K  F  P  Y  A  V  O  W  A  B  N  A  O  K  C
I  L  D  C  J  M  Q  M  I  E  N  P  A  K  O  J
G  K  E  L  N  R  E  I  Q  Y  O  A  V  A  U  G
A  B  M  K  I  V  I  L  Q  S  F  F  S  D  R  Č
K  P  J  A  R  B  E  Y  O  C  V  P  Q  O  L  E
B  P  K  B  A  N  A  R  T  N  M  A  N  G  O  Š
A  U  R  H  T  Q  H  U  J  H  A  G  B  B  F  N
N  T  C  S  K  U  T  B  B  R  E  S  K  E  V  J
A  T  Q  W  E  M  A  L  I  N  A  E  V  S  V  A
N  R  P  B  N  J  A  G  O  D  I  Č  J  E  N  A
A  C  I  L  E  R  A  M  G  R  O  Z  D  J  E  T
```

MARELICA	KIVI
ANANAS	MANGO
AVOKADO	MELONA
JAGODIČJE	NEKTARIN
BANANA	ORANŽNA
ČEŠNJA	PAPAJA
LIMONA	BRESKEV
FIGA	HRUŠKA
MALINA	JABOLKO
GUAVA	GROZDJE

55 - Musique

```
P  I  M  P  R  O  V  I  Z  I  R  A  T  I  W  W
P  O  P  J  A  D  A  L  A  B  R  D  R  Z  V  J
E  P  E  J  N  A  M  E  N  S  Z  K  C  O  K  R
V  M  G  T  Č  E  F  F  P  F  B  U  O  F  C  T
E  E  W  C  I  N  E  B  S  A  L  G  P  E  T  I
C  T  H  Q  S  Č  Z  E  M  E  L  O  D  I  J  A
I  L  B  T  A  O  N  J  U  E  A  B  K  K  C  C
H  N  K  V  L  P  E  O  B  V  T  Q  L  C  O  N
A  E  S  Z  K  E  D  I  L  M  L  I  V  H  Z  M
R  Č  W  T  M  R  U  C  A  O  P  H  R  O  B  M
M  I  I  J  R  A  N  G  L  A  S  B  E  N  I  K
O  M  D  S  W  U  H  A  R  M  O  N  I  Č  N  O
N  T  H  F  K  O  M  N  O  F  O  R  K  I  M  D
I  I  T  S  Q  R  F  E  Q  U  J  V  E  R  O  P
J  R  F  D  I  E  K  N  N  Y  I  E  J  I  O  D
A  U  A  I  R  N  D  C  T  T  P  T  N  L  G  M
```

ALBUM	LIRIČNO
BALADA	MELODIJA
PETI	MIKROFON
PEVEC	GLASBENI
KLASIČNA	GLASBENIK
SNEMANJE	OPERA
HARMONIJA	POETIČNO
HARMONIČNO	RITEM
IMPROVIZIRATI	RITMIČEN
INSTRUMENT	TEMPO

56 - Météo

```
Z Q D S Q G B M L G N A K R O C
I S G P Q S I O O C G E M K O W
E Y S D W H L R P N S K B Q S I
J F E N T T F G N R S U E O G C
P O D N E B J E F Y T U H T C S
T E M P E R A T U R A P N A K B
K N P H Y S I N R A L O P G W K
A E T S M U K A T M O S F E R A
M E G L A Š S C N E V B G G B L
O M K J V A P I Q M E J Q Y L B
T O R N A D O R E B T F L N G O
R B I L L V R V J C R V Y R V S
B E J B P J T A N F I T F J E L
N K N Q O D S M B Y Č L M D T I
G T A E P K A T H I V E N P E Z
J C E L A W E E K A S D Q E R E
```

MAVRICA
ATMOSFERA
VETRIČ
MEGLA
NEBO
PODNEBJE
LED
POPLAVA
MONSUN
OBLAK

ORKAN
POLARNI
SUHA
SUŠA
TEMPERATURA
NEVIHTA
GROM
TORNADO
TROPSKI
VETER

57 - L'Entreprise

```
B D N S T R O K O V N O T K Z O
D B R A I Z D E L E K G E T A D
Z E E U L K A K O V O S T I P L
O E D S V O N L A B O L G N O O
P N E I C S Ž F B U V Y H D S Č
L O U I O T S B A H T Y E U L I
K T T J E W G D E L G U S S I T
C R P R I H O D K I U C L T T E
A V E T I V A T S D E R P R E V
F M D A T V E G A N J A T I V H
R M E Y T S O N Ž O M M J J Y W
P S D O P I D N E R T E O A A N
N O C P H R V P P T N Y R T T L
K U S L A I O N V I T A V O N I
G G S E L V A I O H E G L Y K J
S L B Z L E J N A P R E D E K S
```

POSEL	IZDELEK
KREATIVNO	STROKOVNO
ODLOČITEV	NAPREDEK
ZAPOSLITEV	KAKOVOST
GLOBALNO	VIRI
INDUSTRIJA	PRIHODKI
INOVATIVNO	UGLED
NALOŽBE	TVEGANJA
MOŽNOST	TRENDI
PREDSTAVITEV	ENOT

58 - Gouvernement

```
P O L I T I K A V A Ž R D I D D
H I S E W I E Y A D O B O V S R
S I M B O L S M D H K D Y R G Ž
P S I C Y Y O P L C R O V O G A
N J F I H L T S O K A N E A N V
R J A V A T S U Q M J U F J A L
Y A J I C A R K O M E D M I C J
N K A L S O D N I I R N P S I A
K R H N L Z V N L H U A I U O N
G N J O V A R P K S K K V K N S
N E O D V I S N O S T E W S A T
E W F P R A V I Č N O S T I L V
C Y A T R S S Q E B R N V D N O
V H H B J Q U H Y V B I J O I W
P R A V I C E Q Q Q Y E M B B Y
D C I T V M E A T H O W I R P G
```

DRŽAVLJANSTVO
CIVILNO
USTAVA
DEMOKRACIJA
GOVOR
DISKUSIJA
OKRAJ
PRAVICE
ENAKOST
NEODVISNOST

SODNI
PRAVIČNOST
SVOBODA
PRAVO
SPOMENIK
DRŽAVA
NACIONALNI
MIRNO
POLITIKA
SIMBOL

59 - Randonnée

```
F N B K U L Z A I K I N D O V N
S M V N V I E Y A R Z C I Y U Z
D P Y V I T M P Z P E N V F Z W
J W C I Z Z L C O F J T J G U G
G J O J O S J Y H Y N B I I I G
O O J Y Z J E Q Q E A M N V O E
R T R B D A V I W B R Y M R S S
I R B A N G I L A V I Ž A E I P
E A K Ž E T D I D Y P Z K M V Q
N V V W J F F B O P M P W E A U
T A U A U I I R V M A Q A I Y L
A R O Z R F P G C Z K N Y R S D
C A T Z T P O D N E B J E A K D
I N I S U L I J N R O K Š M Z I
J V I T S O N R A V E N V R H H
A O W F I V V Q P S O N C E V H
```

ŽIVALI

ŠKORNJI

KAMPIRANJE

ZEMLJEVID

PODNEBJE

NEVARNOSTI

VODA

UTRUJEN

VODNIKI

TEŽKA

VREME

GORA

NARAVA

ORIENTACIJA

PARKI

KAMNI

PRIPRAVA

DIVJI

SONCE

VRH

60 - Art

```
P L H Q T L K J E J W V K H B M
K C F L A K I L S U P I O Z O F
I Z H L J G Q Z O N R Z M N S K
N A V D I H N J E N E U P A K E
R R U K Z E E K K K P A L D N Z
I Z A O E O R L I K R L E R V A
V I K Z O A K Z L Z O N K E F B
Z B I K P U S U S N S O S A B Q
I D M I Q O I S S A T Q O L S S
Z V A P R R L P E T O W J I I Z
U D R A M Q L O Q S V V G Z M P
L Q E R A R E N Ž F T A E E B O
S O K S K Z K B A E O A R M O B
Y J R T E M D E R P N G V I L U
G T P V A Y C S N U G J L A T Z
T G R O Q O W O M R Y I E T G I
```

KERAMIKA	SLIKE
KOMPLEKS	OSEBNO
SESTAVA	POEZIJA
USTVARITI	KIPARSTVO
IZRAZ	PREPROSTO
SLIKA	PREDMET
ISKREN	NADREALIZEM
RAZPOLOŽENJE	SIMBOL
NAVDIHNJEN	VIZUALNO
IZVIRNIK	

61 - Nutrition

```
D F T N N V N A I C R Z O U B T
U I E U W Q S D I U P D S K L U
R T E R Y F C T N M M R Q P U S
A E C T M Y J I R O L A K R J S
V K J S A E A R N A C V M E H Z
N O S O K O N T I L K J A B Y Z
O Č L V A L I T M M L E P A D A
T I S O M B S R A S E R E V P Č
E N T K O Y K U T C N Y T A B I
Ž E E A K K O Ž I Z I N I N Z M
E R Ž K N B T I V O V J T Z S B
N T A Y E K H T F E A H A D G E
O S A O R F U N G D T V H R Y A
D Q H Y G P I A U J S K C A U H
B E L J A K O V I N E R S V S O
H G H Z W H Z T W D S Z S V E A
```

GRENKO

APETIT

KALORIJ

UŽITNA

DIETA

PREBAVA

ZAČIMBE

URAVNOTEŽENO

FERMENTACIJA

SESTAVINE

TEKOČINE

TEŽA

BELJAKOVINE

KAKOVOST

ZDRAV

ZDRAVJE

OMAKA

OKUS

TOKSIN

VITAMIN

62 - Créativité

```
N J S I T V G B G L G D O N J U
W A A S N P J V Y W U U G M S C
M V V S S T S O N T S I R P P D
V T H D N I U V I Z I J E P R O
Z S C J I O Y I J M K T O J E M
Q U N C K H S W C G U P U R T I
N Č N I P S Q T W I H F M V N Š
I Z N A J D L J I V J S E O O L
R A Y K B C R G M Q Z A T B S J
A R P I S P O N T A N O N Č T I
K Z H L J Z B U O Q F E I U U J
O I T S O N D I U L F Y Š T V A
D R A M A T I Č N O D J K E V Y
I D E J E L D M W Q A A A K H A
I N T E N Z I V N O S T H O S Z
V I T A L N O S T L P Z I J Y J
```

UMETNIŠKA
PRISTNOST
JASNOST
SPRETNOST
DRAMATIČNO
IZRAZ
ČUSTVA
FLUIDNOST
IDEJE
SLIKA

DOMIŠLJIJA
VTIS
NAVDIH
INTENZIVNOST
INTUICIJA
IZNAJDLJIV
OBČUTEK
SPONTANO
VIZIJE
VITALNOST

63 - Science Fiction

```
O T A S E K S P L O Z I J A I J
R F S K I M A G I N A R N O S W
A Y U R U T O P I J A S I N I P
K E G I J N K R B M M Q J I P B
E L O V R U D O Y B T W K T M
L Z K N R U V I G T J A U G N A
J Z Y O N Č I T S I R U T U F T
U G I S E L K S J B R C E A Y O
L A L T K Y P H C R K K V A T M
G L U N O J O N M E R T S K E S
P A Z O W B L U S U N J I O N K
O K I H V J O J A U L A M K A I
Ž S J H Z P V R R Z G T R H L F
A I A J I G O L O N H E T I P U
R J G R E A L I S T I Č E N J F
B A F A N T A S T I Č N O N V J
```

ATOMSKI	KNJIGE
KINO	SVET
EKSPLOZIJA	SKRIVNOSTNO
EKSTREMNO	ORAKELJ
FANTASTIČNO	PLANET
POŽAR	REALISTIČEN
FUTURISTIČNO	ROBOTI
GALAKSIJA	SCENARIJ
ILUZIJA	TEHNOLOGIJA
IMAGINARNO	UTOPIJA

64 - Professions #1

```
P  C  Z  V  E  Z  G  B  D  O  E  H  G  M  A  K
U  V  H  P  B  Q  L  Q  Q  N  S  L  S  G  S  C
D  G  Q  E  H  A  S  A  I  L  M  S  M  P  T  A
B  Y  D  D  U  T  K  W  T  K  I  N  D  E  R  U
P  K  I  N  E  V  T  S  N  A  N  Z  D  B  O  F
L  S  K  I  N  V  A  R  D  Z  R  R  P  H  N  E
L  L  I  V  Q  D  C  E  L  I  S  A  G  Q  O  G
E  O  N  H  V  K  I  N  E  B  S  A  L  G  M  Q
M  V  T  G  O  L  O  E  G  U  G  G  S  K  V  G
Y  E  E  J  O  L  L  R  A  D  O  V  O  D  O  V
B  C  M  W  B  B  O  T  S  I  N  A  I  P  U  Z
A  Y  U  J  F  K  G  G  W  E  T  F  I  P  H  A
N  Y  R  B  D  J  O  D  V  E  T  N  I  K  M  J
K  K  A  R  T  O  G  R  A  F  S  P  J  B  Q  J
I  Y  R  W  V  E  T  E  R  I  N  A  R  D  H  J
R  O  D  A  S  A  B  M  A  K  L  A  S  E  L  P
```

AMBASADOR	UREDNIK
UMETNIK	GEOLOG
ASTRONOM	ZDRAVNIK
ODVETNIK	GLASBENIK
BANKIR	PIANIST
ZLATAR	VODOVODAR
KARTOGRAF	GASILEC
LOVEC	PSIHOLOG
PLESALKA	ZNANSTVENIK
TRENER	VETERINAR

65 - Géologie

```
K N K S L I P L A S T G H E Q F
G A O T A L P S P F U I Z R L J
Q K M P V B Y Y T W M A H O C O
W L T E A V N G N A R A S Z W G
G U O I N E M E R K L E O I R V
U V K A L C I J M A T J L J G R
C H N I O Q U D T S E U E A R K
G R V T G E J Z I R L D U N H C
V O T L I N A P T L T P R E D L
K H H U H E O E K Q A J Q R N N
I L A T S I R K A S K R I E D R
S F O S I L Z F L G O O E R P Z
L F Q S T U Z J A K R I G N Z Q
I U L M Y V G L T S A B J L I N
N C E L I N A L S D L C O N A M
A Q D Q Y R N P Z U E S V C D I
```

KISLINA
KALCIJ
VOTLINA
CELINA
KORALE
PLAST
KRISTALI
EROZIJA
STALJEN
FOSIL

GEJZIR
LAVA
MINERALI
KAMEN
PLATO
KREMEN
SOL
STALAKTIT
VULKAN
CONA

66 - Jardin

```
R M D J O S V S S D C I S G Q S
J I O L F S H Q Z S I O A R I B
G K B M N S N O W O R V D A W D
N A D N A R E V K P C Z O B A E
N T R V I O O E B I M N V L Ž Z
S A T A W K C R K L N T N J E U
I P Y K Ž R G D N D C S J E R M
W O E N S A T N Q U W A A C M Q
W L A Q E Y Z I M L T M K J A T
S E O Y U T L L A B D Z Q M Č S
K V E C Z Z T O C O H N O U E N
W E T Y D R R P P O V A R R S W
A L V N D S A M Q G P R S T I S
S P O L K K T A S A R E T E V C
T R A V A J A R G O K M H V C Q
B D Z D O C E T K A D V W G V R
```

DREVO	PLEVEL
KLOP	LOPATA
GRM	TRATA
OGRAJA	VERANDA
RIBNIK	GRABLJE
CVET	PRST
GARAŽA	TERASA
VISEČA MREŽA	TRAMPOLIN
TRAVA	CEV
VRT	SADOVNJAK

67 - Santé et Bien Être #1

```
H Z D R A V L J E N J E L E G T
D O P Y G Z Q K Q V O D A G W E
A R R P C P S Z V L T K P D C R
K R Ž M G E E Z R E F L E K S A
T T A A O S S G Z N Q R Z F E P
I V G E A N R A K E L D L D G I
V M M I G K I V I R U S O D P J
N I W P B S T L Y Y L J M E H A
O Š J L O A S Z D R A V N I K M
L I F K V Š O Z D R A V I L O S
R C K O Ž A K L A K O T A J K W
J E W A V U S O M W U P G P U S
N O A C S A B V D W H M A G T J
B A K T E R I J E B F S W Z G C
V I Š I N A D Y U U A D A V A N
I I F D V K L I N I K A R Q U R
```

AKTIVNO	ZDRAVILO
BAKTERIJE	MIŠICE
POŠKODBA	KOSTI
KLINIKA	KOŽA
LAKOTA	LEKARNA
ZLOM	DRŽA
NAVADA	REFLEKS
VIŠINA	TERAPIJA
HORMONI	ZDRAVLJENJE
ZDRAVNIK	VIRUS

68 - Barbecues

```
M I K D B V K I N Ž I D A R A P
U W T Z M A O N M G T J O S I V
N N P S O L S J C S N L U O Y Z
G O E O M D I C O R T O U P S R
H Z Ž J P E L D R U Ž I N A P Y
H U U I U E O V D K Y G V T D V
P M G Q H T R P I Š Č A N E C I
A F E W H A C D I Z G T M R D D
O M A K A L U B E Č T O Y G G R
U Q B T N O U D W V S K L I T V
W T S K Z S Z M M N A A V W I Y
A V A J N E L E Z J D L L N M S
J R L Ž L O U W Z A J R E Č E V
A B G Y A N K G F K E U B O D B
E W P F D R R E H K H H B M L D
V E V R O Č E J T E L O P Y T V
```

VROČE

NOŽI

KOSILO

VEČERJA

OTROCI

POLETJE

LAKOTA

DRUŽINA

SADJE

ŽAR

IGRE

ZELENJAVA

GLASBA

ČEBULA

POPER

PIŠČANEC

SOLATE

OMAKA

SOL

PARADIŽNIK

69 - Forêt Tropicale

```
P N G K K O N D E R V T J E N I
A K D Y V B W N N S A P G N H L
V V H Q G L C K U W I W G T V C
O R T N S A V A R A N S I F I J
N S S O V K W S U Q S I V N C R
B P O T H I D Ž U N G L A M L K
O O H S E T S O K I L O N Z A R
Z Š R K C Q O V B A P K E L S H
A T A U I J J N Ž U Ž E L K E N
T O N P T W U S A T D K M Q S Q
O V J N P F N C F E D V P N G L
Č A A O W L E J T E V I Ž E R P
I N N S D F C G Y H C Ž C N Z L
Š J J T S A Q Q E J W O L U V N
Č E E J B E N D O P H V Z I J K
E B O T A N I Č N I M D Q C C Q
```

DVOŽIVKE	MAH
BOTANIČNI	NARAVA
PODNEBJE	OBLAKI
SKUPNOST	PTICE
RAZNOLIKOST	VREDNO
VRSTE	OHRANJANJE
AVTOHTONA	ZATOČIŠČE
ŽUŽELKE	SPOŠTOVANJE
DŽUNGLA	OBNOVA
SESALCI	PREŽIVETJE

70 - Ferme #1

```
K T S D W F H F Z W H B I V J C
R W H V W J P J T O S D L B A V
A A N E G O T H V P I G J A T K
V G S R R O W A W R V F W K A O
A G C R Q A P V V T A K Č A M N
L Z C D I Y C K V E L N E J B J
K M E T I J S T V O E R A A R F
I D N C A Z B B H L B A S R M J
Q P A H D M Ž I R I E U R G S K
W K Č E D S M A Z J Č Y D O H O
N M Š G N T E J L O P V O D A Z
S O I V P P G J E N N B B P H A
S Q P E R E P I S G F T I B D G
E L E T A B D E O U G Y M K Q C
N F O P R V P K S H M E D R E Q
O M H M B E V B E N E D R D O G
```

ČEBELA   VRANA
KMETIJSTVO   VODA
OSEL   GNOJILO
BIZON   SENO
POLJE   MED
MAČKA   PIŠČANEC
KONJ   RIŽ
KOZA   JATA
PES   KRAVA
OGRAJA   TELE

71 - Antarctique

```
D T Z C W Q B O E H C L M M K A
D V C E V U S T B K E H I I A U
R F J Z T L Q O A B L F N G J R
R W Y D B I C K J A I K E R I L
U H D N Q B O I I D N L R A C E
L O O B Y A M P F E A I A C I D
R A Z I S K O V A L E C L I D E
S Z J I R Y H P R A C J I J E N
M K A G O S K O G W I Z L A P I
G H A L R B I L O A T C T O S K
F E J L I S T O E C P A R O K I
E C E C N V I T G G S R D D E O
L I T G P A D O V L F N M U Y G
C Q Y I N G T K G Q C L W O U Z
F U J S E J N A J N A R H O E N
T E M P E R A T U R A Q D Y C F
```

ZALIV   LED
KITI   LEDENIKI
RAZISKOVALEC   OTOKI
OHRANJANJE   MIGRACIJA
CELINA   MINERALI
VODA   PTICE
OKOLJE   POLOTOK
EKSPEDICIJA   SKALNATA
GEOGRAFIJA   TEMPERATURA

72 - Professions #2

```
K W D L G Z O O L O G B O W R H
O Y Q W R A Č I N Ž I J N K A D
Z K F A U D E T E K T I V U Z N
I D I P R B I O L O G E E B I O
L J R F I L O Z O F E E F A S V
U W O A K B W S L I K A R S K I
S K I N V A R D Z O B O Z T O N
T H S V M N P S U I D I R V A
R O J L E T I M U Z I Y K O A R
A J Q L C O F K V Z A W B N L C
T B J N K L I N Ž E N I R A E Z
O J L E T I Č U M G I P S V C H
R D P F M P V R T N A R D T A Q
J E Z I K O S L O V E C D M N L
P A E F O T O G R A F I K B M K
G P G J Z Y T D M M E I L U U S
```

ASTRONAVT	IZUMITELJ
KNJIŽNIČAR	VRTNAR
BIOLOG	NOVINAR
RAZISKOVALEC	JEZIKOSLOVEC
KIRURG	ZDRAVNIK
ZOBOZDRAVNIK	SLIKAR
DETEKTIV	FILOZOF
UČITELJ	FOTOGRAF
ILUSTRATOR	PILOT
INŽENIR	ZOOLOG

73 - Les Abeilles

```
R V R T Y W Z V F H Q I O S V K
A N A R H B H D H A V J P O B K
Z H Q L S L A A M B Y Q A N G O
N Q Q A L I R K R I V S N C E R
O Y F S H B P A O T D A J E K I
L M L S W W I C J A H D Z N O S
I N E Q C D N I F T A J C O S T
K B J D J Y T J W F T E V C I N
O B T Ž U Ž E L K E G Y Y C S O
S L E F Q Y V A M E R U W I T T
T W V L G A C R V M S K G V E O
N L C I F H J K Z P W O A Q M P
Q K K K R A S T L I N E V O O G
R W C W U P Q C W F R J Q F D G
A G O S C G R Q I T E L L Q T T
Z Q F M P D M P H G W H E B Q G
```

KRILA	HABITAT
KORISTNO	ŽUŽELKE
VOSEK	VRT
RAZNOLIKOST	MED
ROJ	HRANA
EKOSISTEM	RASTLINE
CVET	CVETNI PRAH
CVETJE	KRALJICA
SADJE	PANJ
DIM	SONCE

74 - Santé et Bien Être #2

```
Z A K I T E N E G Z G G T P G K
C C A D N Q V O W K D L N P Z O
Z I L H R L R H O V I R B R B C
Q N O I R K K S Q N J D A O Y B
A Š R G Z P R E H R A N A V L I
R I I I Z C W R W D Ž N J E S T
A N J E B R K T N J A I I T T R
J L Y N M O D S T V S N C I E W
I O E A A J I M O T A N A V L Z
G B K R T E I W D I M I R O O T
R U L U G Q S N R T M M D N N E
E G D S Ž I L W E E L A I B V Ž
N O O I E B J G D P B T H O W A
E A O L Q K A A Z A N I E T R R
B O L E Z E N F Z K Y V D N D T
F D L P E S D S H C N Q P K K A
```

ALERGIJA	OKUŽBA
ANATOMIJA	BOLEZEN
APETIT	MASAŽA
KALORIJ	PREHRANA
TELO	TEŽA
DEHIDRACIJA	OBNOVITEV
ENERGIJA	ZDRAV
GENETIKA	KRI
BOLNIŠNICA	STRES
HIGIENA	VITAMIN

75 - Conduite

```
P D Q T L Z A C J V N I L P S Z
G K N S J U T V B J E R O V A Z
T E M O R P S A T T S U I Q B V
O B Y N B L Q R Z O R W A S P M
V N B R P J I Z L T E W B W L K
O L E A T S E C M C Č B K Z L L
R B O V I R O G E Q A Ž A R A G
N A G S A B G M P N Z I P V I R
J F A K Z R O T O M C N E B A D
A O J G G E N M V T C A Š F J T
K J D C P E Z O V E R P E U I V
O Y U E D F P W S V G C C E C O
Z E M L J E V I D T S O R T I H
M O T O C I K E L L A W O E L P
A Z T U N E L V J N E T K F O J
B M E O H Y L Y U F W N G I P L
```

NESREČA	MOTOCIKEL
TOVORNJAK	PEŠEC
GORIVO	POLICIJA
ZEMLJEVID	CESTA
NEVARNOST	VARNOST
ZAVORE	PROMET
GARAŽA	PREVOZ
PLIN	TUNEL
LICENCA	HITROST
MOTOR	AVTO

76 - Plantes

```
L  B  Q  M  O  V  V  V  G  B  M  U  Q  J  R  L
A  D  S  P  S  F  Z  C  J  R  A  N  O  T  A  S
H  Z  D  H  T  I  A  R  D  Š  K  A  Q  L  N  F
B  O  T  A  N  I  K  A  G  L  Z  C  C  R  K  L
K  G  R  M  V  O  M  Q  I  J  O  Z  Q  D  T  O
Y  I  V  A  T  A  M  V  W  A  Y  G  D  C  J  R
L  I  S  T  J  E  R  A  R  N  E  R  O  K  W  A
O  V  E  R  D  Y  G  T  O  A  R  F  E  N  K  L
Ž  V  U  G  N  O  J  I  L  O  S  U  B  M  A  B
I  V  A  U  Y  H  A  J  I  C  A  T  E  G  E  V
F  L  C  S  K  D  G  T  W  Y  J  K  I  F  C  O
I  L  G  C  K  A  K  T  U  S  P  R  F  F  E
M  U  H  B  U  V  C  V  E  T  N  I  L  I  S  T
M  C  K  R  Q  O  E  J  Č  I  D  O  G  A  J  K
C  B  P  S  O  Z  M  T  J  O  R  J  V  M  A  N
B  Q  P  E  Y  Z  M  Q  S  K  T  M  L  K  R  H
```

DREVO	GOZD
JAGODIČJE	RASTI
BAMBUS	FIŽOL
BOTANIKA	TRAVA
GRM	VRT
KAKTUS	BRŠLJAN
GNOJILO	MAH
LISTJE	CVETNI LIST
CVET	KOREN
FLORA	VEGETACIJA

77 - Ferme #2

```
P Q S Y N J L W N V V H P C K K
A H P A A R A E I B D V R A R V
S P D C M R V G E M L W D A N Q
T E M K A L A O N E M Č E J N J
I S Q V K Y J T U J H N U T C A
R U Q D A K N V O W E W N S L Z
Y N D E N O E D C R O T K A R T
G Q M K J R L M L E K O I J K S
L A M A E U E I F R I M L N N A
R W B V R Z Z O C T N R A E A D
Z I M Q Z A U S H E V K V D Y O
O V C E N G T U G Z A U I E U V
S A D J E D C Y U W R H Ž K E N
P Š E N I C A M F P T P H S P J
G K C D O Q B O U J O M P A U A
U F L L E K P L C P R R A C A K
```

JAGNJETINA	LAMA
KMET	ZELENJAVA
ŽIVALI	KORUZA
PASTIR	OVCE
PŠENICA	HRANA
RACA	JEČMEN
SADJE	TRAVNIK
SKEDENJ	PANJ
NAMAKANJE	TRAKTOR
MLEKO	SADOVNJAK

78 - Vacances #2

```
I  G  R  K  R  G  K  U  J  F  P  O  T  V  G  N
E  T  O  E  A  E  V  Z  B  M  O  V  Y  I  P  M
F  F  T  C  Z  M  S  K  V  W  Y  H  W  Z  H  I
N  V  O  I  U  E  P  T  U  Q  N  V  A  U  S  G
P  O  Š  L  E  H  R  I  A  W  F  L  F  M  R  W
N  H  S  J  F  U  O  V  R  V  C  A  O  T  O  K
M  M  O  R  J  E  F  S  A  A  R  K  C  J  G  V
Z  E  M  L  J  E  V  I  D  C  N  A  Q  T  K  O
O  C  P  L  A  Ž  A  W  P  A  I  J  C  S  L  I
V  I  N  W  M  Q  T  O  K  I  S  J  E  I  R  I
E  N  E  F  H  Q  Z  J  R  E  K  Y  E  L  J  G
R  T  U  J  E  C  J  F  R  I  A  U  K  I  E  A
P  I  L  H  C  M  R  S  T  R  T  R  R  N  U  V
E  Č  Š  I  L  A  T  E  L  E  T  O  H  T  G  O
L  O  C  D  Y  C  B  S  A  Č  I  T  S  O  R  P
Q  P  P  O  T  O  V  A  N  J  E  O  U  P  J  W
```

LETALIŠČE	PLAŽA
KAMPIRANJE	RESTAVRACIJA
ZEMLJEVID	REZERVACIJE
CILJ	TAKSI
TUJEC	ŠOTOR
HOTEL	VLAK
OTOK	PREVOZ
PROSTI ČAS	POČITNICE
MORJE	VIZUM
POTNI LIST	POTOVANJE

79 - Temps

```
P R I H O D N O S T D O A E D W
Q V K G P P U E L U N H M S W J
N Y D E C C M E S E C Q W W J U
Z D A J T E D E N Z V P R E D T
A V N T V H R V K L Č T Q F A R
S I Z E U N B U O J E Z I E E O
J J S L M N G Z L Y R K O G U P
V L M T Y M I K E K A N O M O I
V H L E A H R M D T J J O P P G
D E L S D F F P A T B U T Č O I
W E E E R E F H R G D N E C L I
F T T D O K V M O G A F L G D I
E Q N D A N M Z Q T N C E Z N L
B O I B S T R A H U E V Z M E K
S T O L E T J E L N S O U R A M
W L O E R J F M W U G G Y H R P
```

LETO   URA
LETNI   DAN
PO   ZDAJ
DANES   JUTRO
PRED   OPOLDNE
KMALU   MINUTA
KOLEDAR   MESEC
DESETLETJE   NOČ
PRIHODNOST   TEDEN
VČERAJ   STOLETJE

80 - Maison

```
G J E F L E V Z S T G H J R R F
A J N I H U K A T U G S O K U A
R R A T C P S V R Š R Z A Q Y R
A T A R V O B E O P R K H K P O
Ž I O T N B C S P D O V A B O S
A M L B U S U E S O G K L M E H
L T A T I P K E R V R H T P I V
P O D S T R E Š J E A K E R H N
F K E V W R M V H V J N M E H E
A K L I T E V S W M A J Z P B Q
H I G K S N O H I T H I A R J W
F K O Q Q T E K Y B E Ž Z O Z B
O A M I I I Z M N F R N D G I L
Z I D R O I M Y Q O T I L A Y V
R R R L N H R P P O S C F V I C
A Q T B A S H F V G J A B F Y I
```

METLA
KNJIŽNICA
SOBA
KAMIN
TIPKE
OGRAJA
KUHINJA
TUŠ
OKNO
GARAŽA

PODSTREŠJE
VRT
SVETILKA
OGLEDALO
ZID
STROP
VRATA
ZAVESE
PREPROGA
STREHA

81 - Légumes

```
Š  F  H  E  I  C  Y  J  M  Q  A  P  P  E  M  L
A  P  E  R  D  M  T  Q  C  Z  E  F  E  Č  U  B
L  B  Y  T  A  K  O  Č  I  T  R  A  T  J  Z  W
O  O  G  N  I  O  W  N  E  S  E  Č  E  Q  Y  V
T  B  N  A  R  R  F  A  T  E  V  E  R  S  Z  B
K  Y  P  W  U  E  N  L  N  L  G  B  Š  U  E  A
A  T  B  A  R  N  I  B  K  P  N  U  I  B  L  U
N  G  P  G  E  J  Z  C  Q  R  I  L  L  R  E  T
O  J  G  K  G  E  B  B  J  A  A  A  J  O  N  G
G  L  J  A  J  Č  E  V  E  C  Č  R  J  K  A  R
P  O  J  S  O  L  A  T  A  G  W  A  M  O  V  A
Y  T  B  K  R  E  D  K  E  V  Q  M  N  L  V  H
L  S  V  A  E  Y  F  F  T  Y  B  U  F  I  P  Q
M  P  A  R  A  D  I  Ž  N  I  K  K  G  Z  P  J
M  P  K  W  J  W  H  B  L  A  I  M  O  V  H  Š
R  Z  D  P  T  Y  E  W  S  B  G  Q  D  H  E  A
```

ČESEN	ŠPINAČA
ARTIČOKA	INGVER
JAJČEVEC	REPA
BROKOLI	ČEBULA
KORENJE	OLJKE
ZELENA	PETERŠILJ
GOBA	GRAH
BUČE	REDKEV
KUMARA	SOLATA
ŠALOTKA	PARADIŽNIK

82 - Famille

```
Z M N B R A T R A N E C T O Z I
H A E I P J N O R E U I E Č Q T
A T Č J I B R R H O H R T E O Q
Q I A N E Ž O M E V E T A T P T
I C K E D E D Z Y T G S U O J I
L O O W P E C N W Š A J T V O Z
B R R R B S T Y A O T M D S W R
W T T C C E N H S R K N H K S U
F O O S Z S E E T T T G H I V F
V V D I Q T Y B Č O Č E K C W B
K B F T A R B D K A E Z B V H Z
U E T N L A A K Q Z K P R B I N
F I F D M B B V U P O I D F K Z
K G H Č I K I N D E R P N Z I A
K M R N K F C P E K K E T J E P
E Y W U I V A G E A P O R J A B
```

PREDNIK

BRATRANEC

OTROŠTVO

OTROK

OTROCI

ŽENA

HČI

BRAT

BABICA

DEDEK

MOŽ

MATERNA

MATI

NEČAK

NEČAKINJA

STRIC

OČETOVSKI

OČE

SESTRA

TETA

83 - Oiseaux

```
J W U T A W Q V Q S T J M E J D
T A N U V Q E V R O H C S M H Y
N G M J Y U C E B A R V H I S H
S C L M N V J G C J N O R E L Y
W J Z C E S A U O L I A H I O F
B S P A K E J I C P V B D K Y P
D L E E M R B E L A G G O S C I
A J N R L R U E R Č N A K U T Š
L F Z V I I E Q A K I W F B N Č
B A C I V A K U K O P F K F O A
S N B C E I V A P A P I G A J N
O Q O O Y R O G N I M A L F P E
R G L H D A J L K R O T Š A S C
I E O E H C F S D R N K W G H U
Z C G L S A P J I V Y Q S E Z O
U K M P K G G A K G Q U K W A U
```

OREL	PINGVIN
NOJ	VRABEC
RACA	GALEB
ŠTORKLJA	JAJCE
GOLOB	GOS
VRANA	PAV
KUKAVICA	PAPIGA
LABOD	PELIKAN
FLAMINGO	PIŠČANEC
ČAPLJA	TUKAN

84 - Disciplines Scientifiques

```
B K A R H E O L O G I J A D E E
J I N E V R O L O G I J A V W K
J J O B I O L O G I J A T F M O
M R M K S O C I O L O G I J A L
L E R Q E B O T A N I K A B M O
I A T A N M Z O O L O G I J A G
M S K E A J I G O L O H I S P I
U T F T O Y C J H L L N L E E J
N R O G Z R W L A W Y G Q J L A
O O A J I G O L A R E N I M L F
L N S E J V O L S O K I Z E J H
O O U Q A J I G O L O I Z I F H
G M A V D O H M G G B G B M C O
I I M E H A N I K A I E O C I D
J J G E O L O G I J A J I M E K
A A J I M O T A N A U B A P H P
```

ANATOMIJA

ARHEOLOGIJA

ASTRONOMIJA

BIOKEMIJA

BIOLOGIJA

BOTANIKA

KEMIJA

EKOLOGIJA

GEOLOGIJA

IMUNOLOGIJA

JEZIKOSLOVJE

MEHANIKA

METEOROLOGIJA

MINERALOGIJA

NEVROLOGIJA

FIZIOLOGIJA

PSIHOLOGIJA

SOCIOLOGIJA

ZOOLOGIJA

85 - Maladie

```
R  D  D  M  T  O  F  E  W  N  G  I  A  O  D  M
L  A  I  U  K  D  T  J  Y  E  Č  U  J  L  P
T  W  B  H  B  E  D  P  B  H  L  G  B  S  F  Y
V  E  J  V  A  R  D  Z  A  D  V  L  A  D  M  C
I  T  S  O  K  L  E  I  L  H  K  S  N  J  F  Q
J  M  H  E  G  J  N  I  E  C  R  S  E  E  I  E
L  G  U  J  L  D  N  E  R  Z  Z  T  V  G  S  E
Z  P  D  N  R  L  H  S  G  M  L  P  D  E  P  S
E  N  Y  U  O  J  E  I  I  C  N  T  E  N  U  D
L  F  B  A  L  S  J  N  J  K  K  I  L  S  P  I
A  O  S  N  E  N  T  D  E  G  Q  T  K  K  D  K
N  I  H  T  T  L  E  R  D  E  D  N  O  I  K  I
M  M  W  U  N  K  N  O  K  R  O  N  I  Č  N  A
W  N  F  K  V  L  V  M  T  E  R  A  P  I  J  A
M  L  R  A  T  N  E  V  R  O  P  A  T  I  J  A
K  K  R  N  S  O  M  M  T  Q  P  S  V  O  D  S
```

AKUTNA	IMUNOST
ALERGIJE	VNETJE
WELLNESS	LEDVENA
KRONIČNA	NEVROPATIJA
NALEZLJIV	KOSTI
TELO	PLJUČNE
SRCE	DIHALNE
SLAB	ZDRAVJE
GENSKI	SINDROM
DEDNO	TERAPIJA

86 - Univers

```
K Q N T E K I J Z Q F W U J A T
O Y E H D A K L V L E W P K S C
Y J B Q Z I A Y S K G Y T J T R
L B O B J D Q K U E Y W E P R H
N A J I M O N O R T S A L S O A
U B D G O Z B C L T D T E O N J
S P I A O B M Z A Y W I S N O Z
O I O N Č I M Z O K A B K Č M G
L Q R L T E M A N S R O N J A
S F E G O J T W I Y J O P I L Z
T L T E F B V I D N O E Z N R A
I U S N O K L E K V A T O R C F
C N A Q S N A A J I S K A L A G
I A R E F S O M T A T Q I W D U
J C F H A D S E E N I Q Z S M Y
B O T H R T Z L I J M V A H H S
```

ASTEROID	OBZORJE
ASTRONOM	NAGIB
ASTRONOMIJA	LUNA
ATMOSFERA	TEMA
NEBO	ORBITA
KOZMIČNO	SONČNI
EON	SOLSTICIJ
EKVATOR	TELESKOP
GALAKSIJA	VIDNO
POLOBLA	ZODIAK

87 - Géographie

```
G J E Z A U Y O S F Y K A N U J
Q J K I N V E N D L O P M J T M
D N V T C V Z I I A M H O U H K
O N A E C O A J I G E R R G Y H
U P T E V S T C O V N O J N W W
M C O C E L L E T C I M E Z M W
Q Z R R C M A L O O E Š L H V G
U A D N E Q S I K Z T O I Q F Z
O H T R D K G N R E V E S N N E
Z O T U Ž S A A F M G O R A A M
A D S M L A S D A L B O L O P L
B S U T R G V I V J M E S T O J
D K G J D Y O A G E W U S F G E
N I K W T K U L P C K J E R U V
E C M H Q E W V V G K P E R R I
L S L T M V F N S L P L M V L D
```

VIŠINA	SVET
ATLAS	GORA
ZEMLJEVID	SEVER
CELINA	OCEAN
EKVATOR	ZAHOD
REKA	DRŽAVA
POLOBLA	REGIJA
OTOK	JUG
MORJE	OZEMLJE
POLDNEVNIK	MESTO

88 - Bâtiments

```
B O L N I Š N I C A Z E R C B G
P S U P E R M A R K E T O W I S
L A B O R A T O R I J E Z U M O
O O Z K Š W B M K T K I N O S B
T M N Z O E H L B S W Z T U T S
S S Q Z T B L Z T A S Z O E A E
K L T Z O O Q U N C L Z V Z N R
G L A A R G J K J I S T A N O V
S A Z C D K A B I N A Z R M V A
N F R J T I L I J V E F N O A T
O Z E A O E O L K A U D A P N O
B B V W Ž M Š N H L Y E E K J R
N V I B U A O J O E G Z J K E I
Q V N Z Z P V Z T D S E M L S J
A M U T W A E D E H U Q E P F D
E Č Š I L A D E L G R A D N Y G
```

STANOVANJE	LABORATORIJ
DELAVNICA	MUZEJ
KABINA	OBSERVATORIJ
GRAD	STADION
KINO	SUPERMARKET
ŠOLA	ŠOTOR
GARAŽA	GLEDALIŠČE
SKEDENJ	STOLP
BOLNIŠNICA	UNIVERZA
HOTEL	TOVARNA

89 - Activités et Loisirs

```
U R I O Y W L L D A R N T C B O
M O C V V H E S H D G D E S A D
E U Q T N D K W L O H E N I S B
T E E Š Q U K B S I W J I N E O
N Č J I H O B I J I K N S O B J
O O N N A G V K M Q R A K G A K
S J E D A E G F O B I R O O L A
T U J O B J O D E E B I Š M L P
C Č R H O N L J J F O P A E I O
U Š A O K A F P N L L M R T T T
D O N P S V G V A F O A K V E O
D R T J M A O N K T V K A T V V
S P R C U L J A S E O B P M K A
F S V H A P L K E U W P A V V N
Q C H F O J H P D W G J A J E J
N A K U P O V A N J E V Q H O E
```

NAKUPOVANJE   HOBIJI
UMETNOST   SLIKA
BASEBALL   RIBOLOV
KOŠARKA   POTAPLJANJE
BOKS   POHODNIŠTVO
KAMPIRANJE   SPROŠČUJOČE
NOGOMET   DESKANJE
GOLF   TENIS
VRTNARJENJE   ODBOJKA
PLAVANJE   POTOVANJE

90 - Livres

```
E U Y L I B J O P L Z G M O Y O
P J S C L K Z U E I B B T T D Q
K U E L N L E Z S T I K S P E D
P O S K D D O G E E R O T V A V
Y C N T V T J O M R K O T Z J O
C H A T O E D D S A A V R G I J
T L R E E L D B U R Q I A O Z N
I I T S P K O A H N O J G D E O
L G S Y N H S V I O Q L I O O S
P S E R I J A Š V O D Č V P T
V I J L A Š L N P Č A J N I R Q
P E S H J L Q H P A I A O N D C
D P Y N A M O R B P C N O S L G
J E K N O E B E K E P Z A K I D
B R A L E C P A U G G I Y I T O
R E L E V A N T N O W N Y B U J
```

AVTOR
PUSTOLOVŠČINA
ZBIRKA
KONTEKST
DVOJNOST
PISNO
EPSKI
ZGODBA
ZGODOVINSKI
ŠALJIV

IZNAJDLJIV
BRALEC
LITERARNO
STRAN
RELEVANTNO
PESEM
POEZIJA
ROMAN
SERIJA
TRAGIČNO

91 - Pays #2

```
Y S Y V K U O K J C P Z F N Q D
L O S H D M E O T E A K S N A D
G M J K V T I K V W K J J Y K J
C A U J V M O I G A I R I N S Z
L L G A K I H E M P S B K R R I
I I A M H B U Z A U T E C R I L
B J N A A J I S U R A S L F T S
A A D J I A J I Z E N O D N I F
N K A K T Y M U H Z U A A O D R
O I S A I S J V C N D L D O U A
N T B J T U K R A J I N A U Y N
G S M I A K S N O P A J W H S C
J G R N L T F B A D D G L A L I
B Z R E R J I A L B A N I J A J
P Z Y K O I I K U E V A A F E A
M W T B H O B L Y I V B T D U E
```

ALBANIJA	LAOS
KITAJSKA	LIBANON
DANSKA	MEHIKA
FRANCIJA	UGANDA
HAITI	PAKISTAN
INDONEZIJA	RUSIJA
IRSKA	SOMALIJA
JAMAJKA	SUDAN
JAPONSKA	SIRIJA
KENIJA	UKRAJINA

92 - Fournitures d'Art

```
S  J  O  Š  J  Q  B  G  Q  M  H  I  O  U  J  F
J  F  L  Č  E  L  A  C  L  W  C  G  P  S  E  O
L  K  I  E  V  R  A  B  S  I  K  Y  A  T  N  T
J  Q  N  T  R  I  P  A  P  W  N  W  S  V  T  O
L  D  R  K  C  A  L  V  G  W  K  A  T  A  L  A
Q  P  Č  E  F  E  V  Y  Z  I  I  V  E  R  G  P
T  A  B  E  L  A  P  K  L  H  Q  F  L  J  P  A
O  V  A  K  R  I  L  Y  A  L  U  W  I  A  H  R
L  L  E  N  R  S  T  O  J  A  L  O  K  L  M  A
I  P  J  C  A  A  G  A  Z  O  A  U  I  N  K  T
P  E  L  E  D  V  M  U  T  I  K  M  N  O  Z  S
E  B  G  J  I  E  Y  D  I  V  A  H  Č  S  S  S
L  H  O  E  R  M  I  R  I  K  Z  B  N  T  T  P
M  P  U  D  K  L  J  B  A  P  Z  J  I  F  B  C
Y  Z  C  I  A  S  T  O  L  W  S  E  V  Z  U  L
D  E  P  V  K  Y  H  V  O  D  A  K  S  M  B  N
```

AKRIL	SVINČNIKI
AKVAREL	USTVARJALNOST
GLINA	VODA
ŠČETKE	ČRNILO
FOTOAPARAT	RADIRKA
STOL	OLJE
OGLJE	IDEJE
STOJALO	PAPIR
LEPILO	PASTELI
BARVE	TABELA

93 - Eau

```
Y F N T W M E C M V T K Q W B S
V L A Ž N O O Q C P O P L A V A
G A E Z V R R N U B V N H R I F
L R C S O M E A S W L A O A W B
I V O L A V Z K H U L M L P U J
Y Z G M K R E R A U N A Q K V R
L H P Q P P J O L R F K F O W W
Z D K A G A L V S O R A R N A R
A F C W R Z E G F Q L N P I Z U
O G W E I E D Q N C Z J E B K U
H A T E Z L V G Y R I E G N B E
D E Ž F J Z A A Z M R Z A L U D
B F A W E Z D O N T I P P W J Q
V L B N G E N S U J I R V G G J
K A N A L Q F V R G E H G P M A
N P Z K U A S U F V R A I H V Y
```

KANAL	NAMAKANJE
PRHA	JEZERO
IZPAREVANJE	MONSUN
REKA	SNEG
ZMRZAL	OCEAN
GEJZIR	ORKAN
LED	DEŽ
VLAŽNO	PITNO
VLAGA	VALOVI
POPLAVA	PARA

94 - Jazz

```
A T Z T A K I N H E T K M N J M
J C N A L V R B R G O Y S S S W
I S A L B T A M K K U V I F T O
C V J E U U B T R E C N O K Y K
A L L N M J D M S M M F U V C K
Z S J T A L R I Q E E M H B O I
I L U S K C W M K F S O R I K N
V O B D O L S L A V E N I O U T
O G Š C H V P C L Q P L T B M E
R R I N B O B E K E P K E V R M
P J K E R A D U O P F W M D D U
M K F E B D G L A S B A J V S K
I E O U S U B J U Q U Y S E S B
Ž A N R A T S Z Q O W T C S U Z
M K V G J L E T A D A L K S J C
V I U O E Z N R S D Z G R R H U
```

POUDAREK	IMPROVIZACIJA
ALBUM	GLASBA
UMETNIK	NOVO
SLAVEN	ORKESTER
PESEM	RITEM
SKLADATELJ	SLOG
SESTAVA	TALENT
KONCERT	BOBNI
NAJLJUBŠI	TEHNIKA
ŽANR	STAR

95 - Paysages

```
J  M  D  O  R  E  Z  E  J  T  U  N  D  R  A  A
S  A  P  O  C  J  G  O  R  A  R  W  F  V  Z  L
E  V  M  U  L  R  I  Z  J  E  G  G  H  U  A  E
K  A  A  A  K  I  N  E  D  E  L  S  F  L  O  D
M  Č  D  B  O  V  N  S  L  A  P  E  V  K  S  E
J  Š  K  T  T  Č  S  A  W  L  Q  I  N  A  L  N
Q  U  L  K  O  O  I  R  E  K  A  N  D  N  W  A
O  P  M  I  L  M  M  U  Q  C  D  Q  U  J  P  G
L  O  P  Y  O  K  L  N  U  S  L  E  S  F  P  O
B  K  H  J  P  Y  I  E  H  S  H  R  I  B  U  R
S  I  O  K  Y  H  T  N  L  Y  T  E  Z  B  F  A
G  S  T  G  H  A  L  A  P  M  U  J  K  R  Q  N
W  V  O  O  A  G  Y  F  Z  Q  N  R  E  W  T  W
T  K  K  Q  B  E  V  G  Y  F  A  O  Z  Y  L  J
O  J  B  T  G  Q  J  V  K  M  Y  M  V  G  A  Z
M  R  F  Y  H  Y  M  P  L  A  Ž  A  M  N  B  N
```

SLAP	JEZERO
HRIB	MOČVIRJE
PUŠČAVA	MORJE
USTJE	GORA
REKA	OAZA
GEJZIR	POLOTOK
LEDENIK	PLAŽA
JAMA	TUNDRA
LEDENA GORA	DOLINA
OTOK	VULKAN

96 - Pays #1

```
N M A R O K O N W U Q G T T Q I
I E O O G L L I N I P I L I F N
Z P M G A U A K E K V A D O R D
R O V Č J S R A J I N A P Š B I
A L E M I S O R M N I D E S K J
E J N O L J Z A T A G A F Y D A
L S E R I B A G Z T N N Q R R K
E K Z J Z L Y V M S V A V P O Š
C A U B A Z H A L I G K P J M E
I K E A R A R G E N T I N A U V
W S L U B S D B C A O C H E N R
D N A C V K Q K C G Y T U P I O
L I B I J A W M Y F M W N D J N
A F J K I J L A R A H A H F A Y
G M K D D J B L D J Z L D D P P
G Q Z Q U M I I N R L M O O U R
```

AFGANISTAN	LIBIJA
NEMČIJA	MALI
ARGENTINA	MAROKO
BRAZILIJA	NIKARAGVA
KANADA	NORVEŠKA
ŠPANIJA	PANAMA
EKVADOR	FILIPINI
FINSKA	POLJSKA
INDIJA	ROMUNIJA
IZRAEL	VENEZUELA

97 - Nombres

```
L K Q L E W V H O T O T J O P C
N O N L A M I C E D M K O S E V
H S B Y S E D E M N A J S T T Q
J E T R H N T S J A N A V D N M
U M S L M I E R V V G O L D A B
Z N J E D H V K I D Z C I F J O
S A A F D H E L R N J T R W S B
A J N L A E D J T E A S R W T D
M S T D F S M K O Q U J P D J E
J T S J A N I R I T Š A S A E S
O I E I Š T I R I S S N D T R E
S Y Š P D V A J S E T T L I Q T
E W F O T N Q H T Š S E S N I Č
M F F I T Z H Q S Q O V W Q Y W
A W J D U T J M V D C E L Z I U
U D G I V S U Q A J K D R G L C
```

PET   ŠTIRINAJST
DVA   ŠTIRI
DECIMALNO   PETNAJST
DESET   ŠESTNAJST
OSEMNAJST   SEDEM
DEVETNAJST   ŠEST
SEDEMNAJST   TRINAJST
DVANAJST   TRI
OSEM   DVAJSET
DEVET   NIČ

98 - Psychologie

```
O Z G E V K O D T R M P S P K V
P O R A W U B R M E L B O R P E
M E J N A S Č L L S U D O T R D
C I R O Y L U F Y N U T P S Z E
K H Z C L W T T K I L F N O K N
Z L I E E G E P R Č G P E N Y J
F P I O Z P K I B N D O T B A E
Y O F N V B C C R O Z D S E T J
L J O I I A V I N S O Z E S E N
Q C R U R Č S K J T T A V O R A
I D E J E M N C A A R V A O A V
N E B M Y U I I O R O E Z M P O
Č U S T V A W S R K Š S E R I N
E G O P Q F H K L W T T N V J E
E W E J N Š U K Z I V L I O A M
Y F U O O C E N A F O C P D Y I
```

KLINIČNI	MISLI
VEDENJE	PERCEPCIJA
KONFLIKT	OSEBNOST
EGO	PROBLEM
OTROŠTVO	IMENOVANJE
IZKUŠNJE	RESNIČNOST
ČUSTVA	SANJE
OCENA	OBČUTEK
IDEJE	PODZAVEST
NEZAVESTEN	TERAPIJA

99 - Chimie

```
K T A Z D B T H W E V A U P Z H
E I U A L W E B D M Y L M K V Y
H T L R T R K I S I K K H N D D
S A Y J G Q O U B C G A L W T E
T L F C L N Č L K N P L I H E U
E L A Z W U I D K E F N L Q Ž U
O G L J I K N O I C F A T T A S
B W P O K D A L U K E L O M T J
S J L E S C N J E D R S K O O L
E R I S M B I G O R W G V W L U
Y C S E O S L D Q F E Y B E P U
Q S N T T R S S K V V V S J O H
N R O T A Z I L A T A K O O T E
H V D P Q G K K O V I N E D U G
E L E K T R O N I L P Q Q O I U
W Z T E M P E R A T U R A A E K
```

KISLINA
ALKALNA
ATOMSKI
OGLJIK
KATALIZATOR
TOPLOTA
KLOR
ENCIM
ELEKTRON
PLIN

VODIK
ION
TEKOČINA
KOVINE
MOLEKULA
JEDRSKO
KISIK
TEŽA
SOL
TEMPERATURA

100 - Bateaux

```
M  G  S  D  G  T  B  S  Y  N  Y  F  K  C  Y  G
G  O  Z  P  B  G  Q  M  V  B  Q  N  R  G  F  R
K  Q  P  P  L  Z  N  T  S  I  D  R  O  R  A  C
H  G  I  B  Y  A  I  R  M  O  R  J  E  V  A  K
H  Q  H  T  Y  J  V  A  B  N  O  O  C  V  Q  J
V  H  W  I  D  O  O  J  V  Č  T  Z  B  W  U  D
E  I  R  V  N  B  L  E  Q  I  O  C  A  M  K  C
Z  N  P  Y  I  R  A  K  F  T  M  H  T  S  A  T
R  E  V  Z  U  E  V  T  O  P  Y  E  W  J  J
Y  D  K  R  M  K  L  B  R  A  N  R  O  M  A  B
J  W  Q  H  C  A  M  V  V  N  A  E  C  O  K  N
U  D  U  P  K  T  B  R  U  M  T  P  V  S  S  G
J  E  Z  E  R  O  U  V  Y  Z  H  L  A  P  T  W
T  I  J  A  D  R  N  I  C  A  A  I  Q  G  L  N
T  G  P  I  F  H  A  Z  G  B  J  M  J  D  V  T
C  C  I  S  K  I  K  O  A  K  D  A  S  O  P  N
```

SIDRO	MORNAR
BOJA	JAMBOR
KANU	MORJE
VRV	MOTOR
POSADKA	NAVTIČNO
TRAJEKT	OCEAN
REKA	SPLAV
KAJAK	VALOVI
JEZERO	JADRNICA
PLIMA	JAHTA

1 - Adjectifs #2

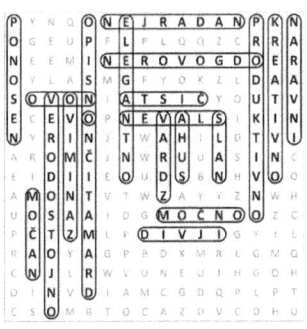

2 - Formes

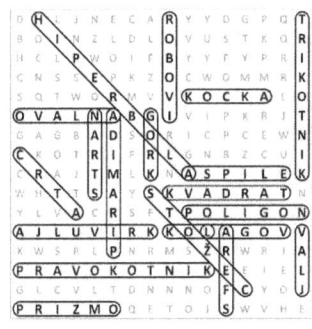

3 - Force et Gravité

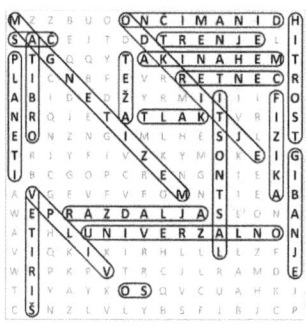

4 - Adjectifs #1

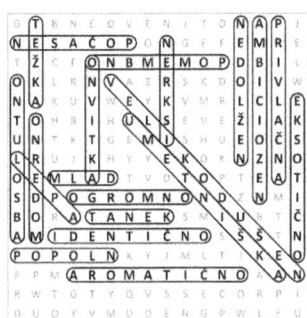

5 - Instruments de Musique

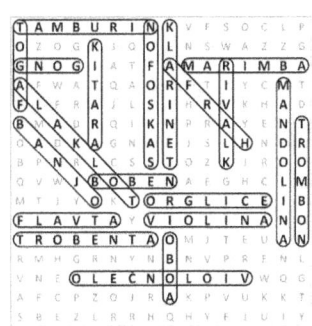

6 - Herboristerie

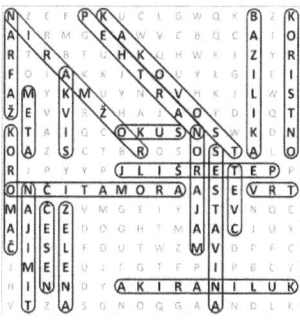

7 - Véhicules

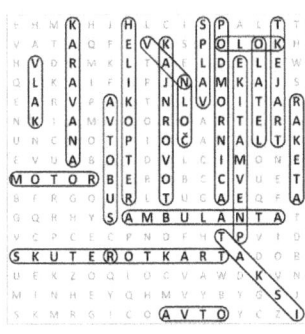

8 - Camping

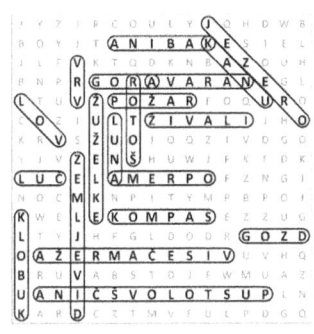

9 - Écologie

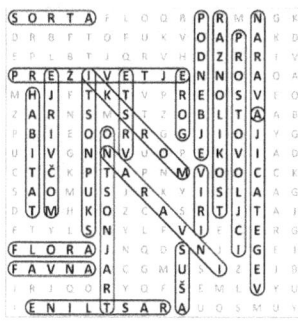

10 - Géométrie

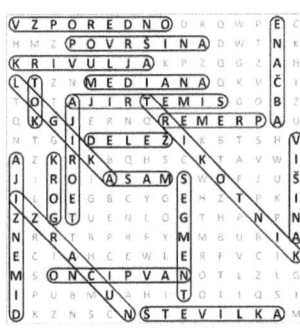

11 - Les Médias

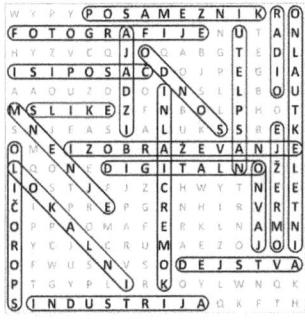

12 - Philanthropie

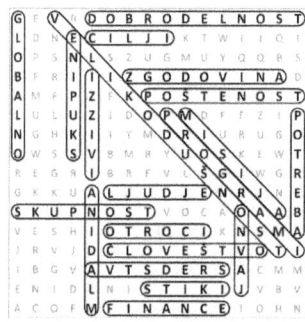

13 - Diplomatie

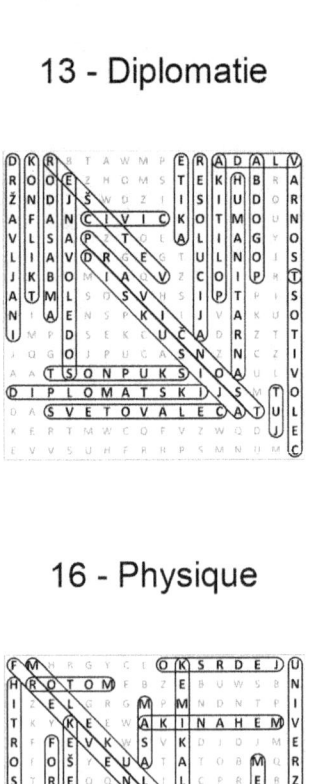
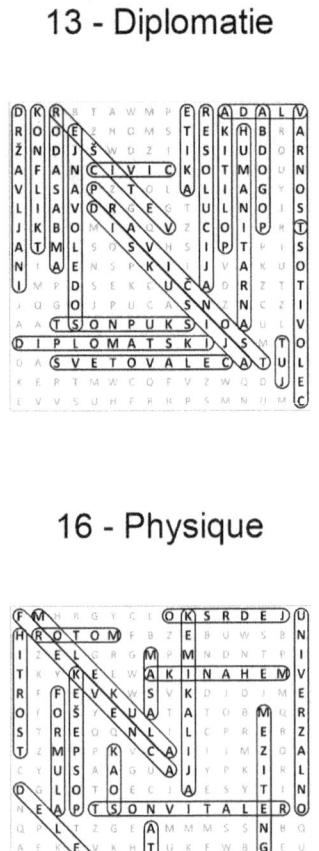

14 - Électricité

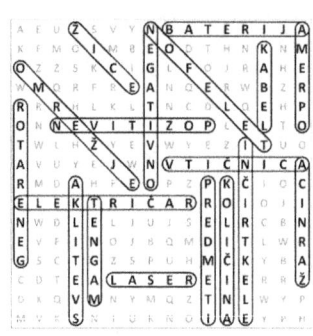

15 - Astronomie

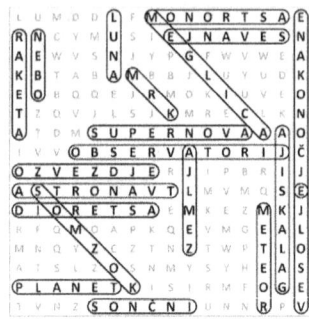

16 - Physique

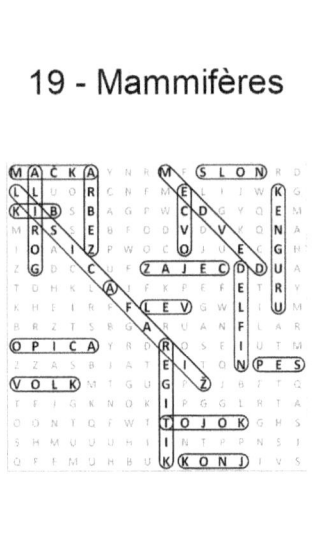

17 - Types de Cheveux

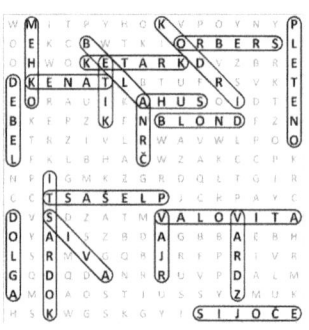

18 - Archéologie

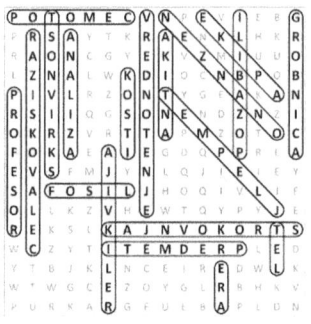

19 - Mammifères

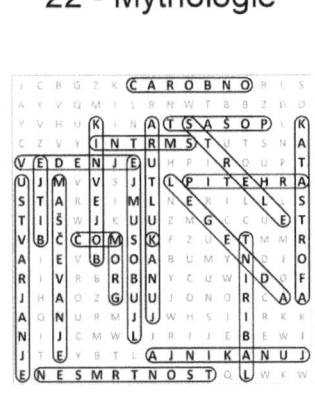

20 - Chocolat

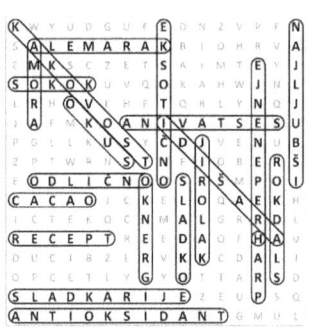

21 - Mathématiques

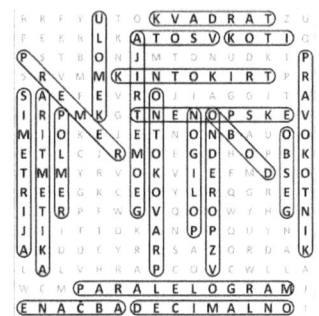

22 - Mythologie

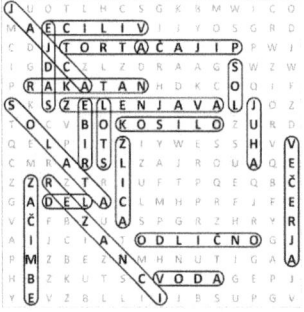

23 - Restaurant #2

24 - Beauté

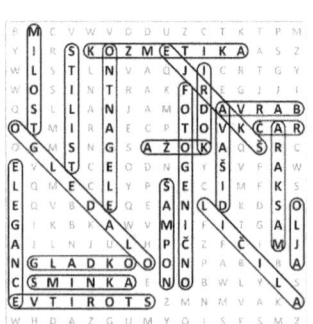

25 - Avions

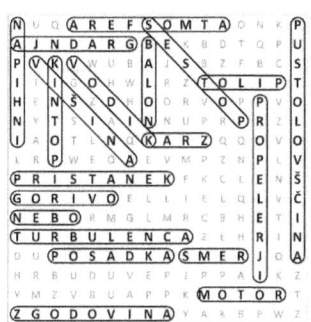

26 - Aventure

27 - Ville

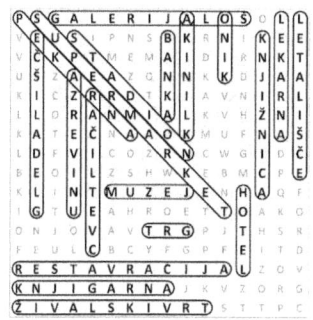

28 - Ingénierie

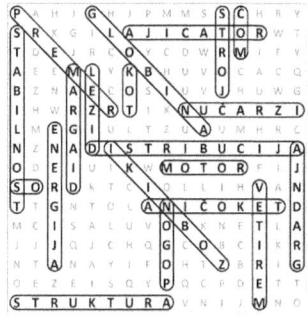

29 - Énergie

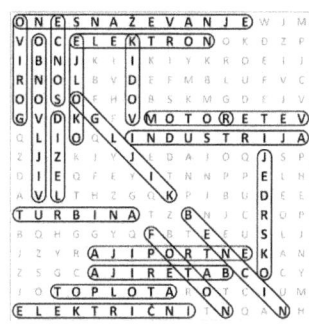

30 - Cuisine

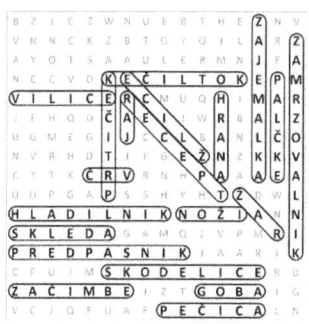

31 - Corps Humain

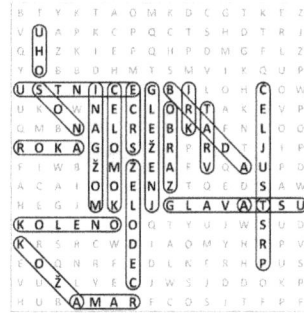

32 - Biologie

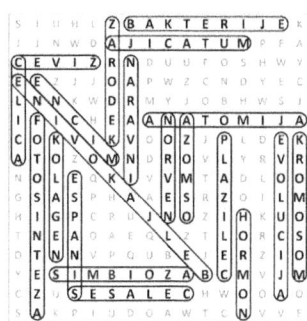

33 - Épices

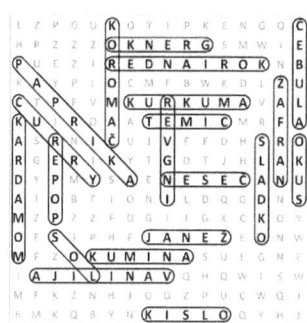

34 - Agronomie

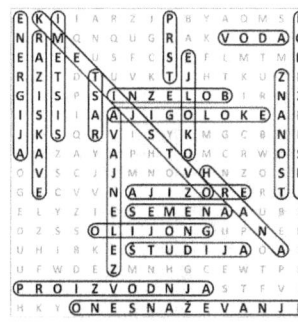

35 - Science

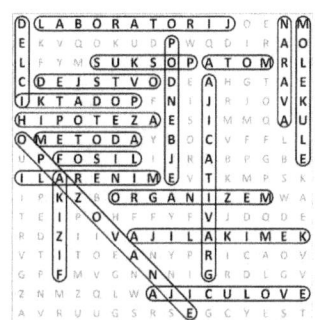

36 - Vêtements

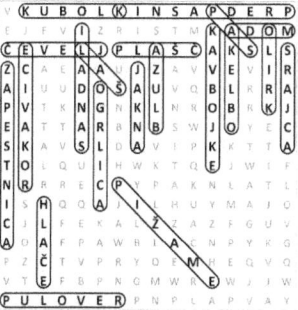

37 - Arts Visuels

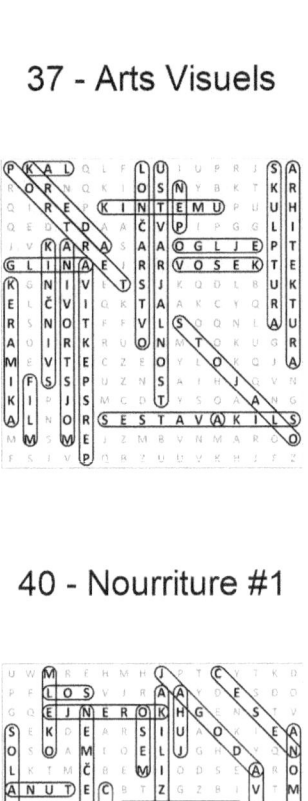

38 - Méditation

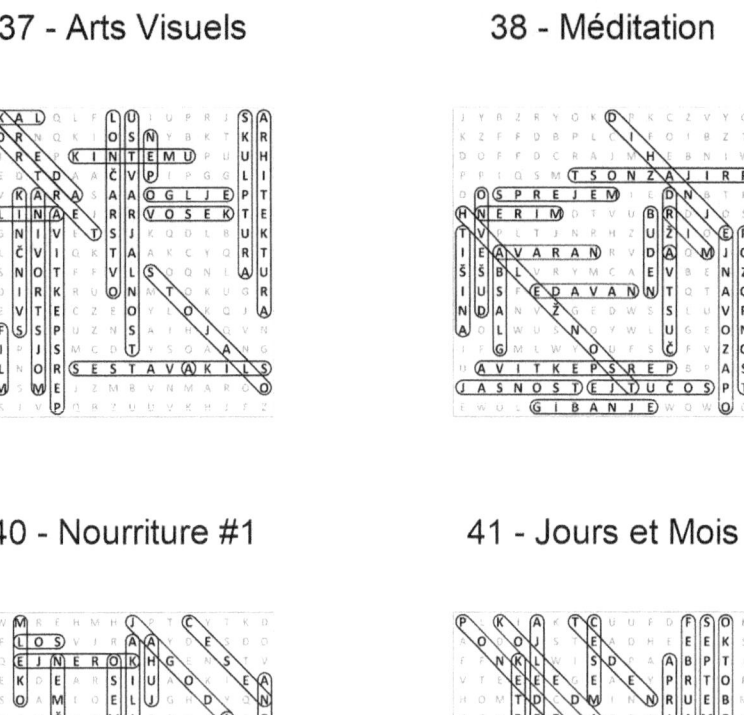

39 - Littérature

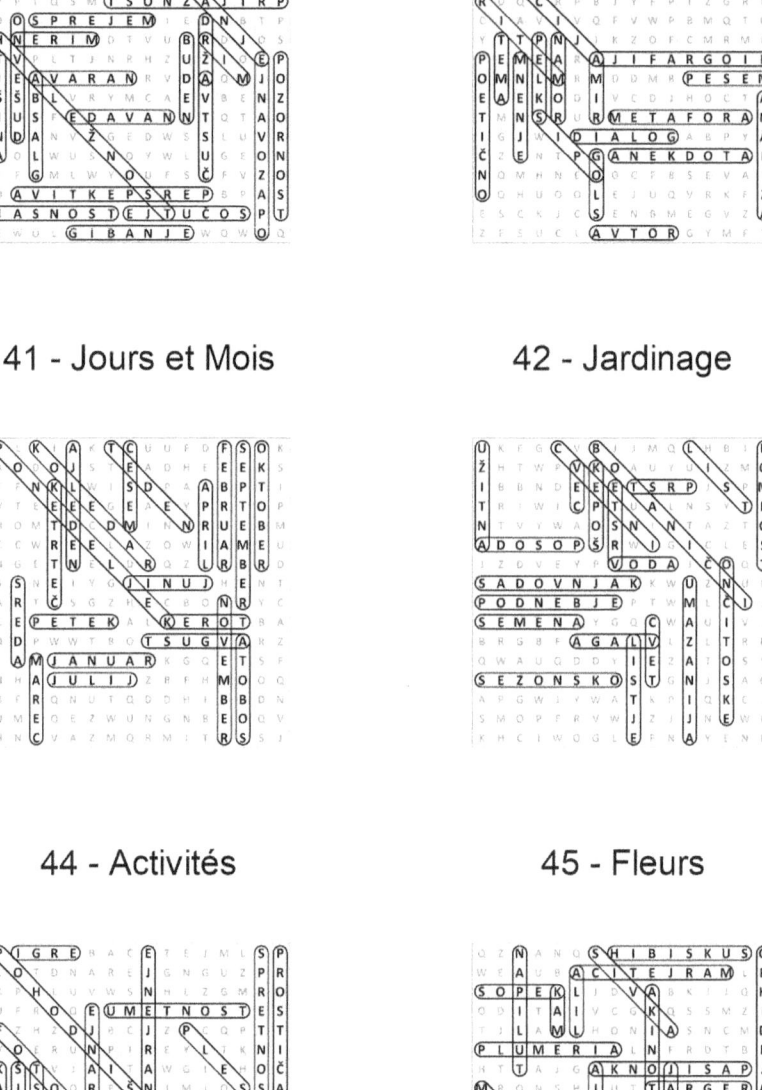

40 - Nourriture #1

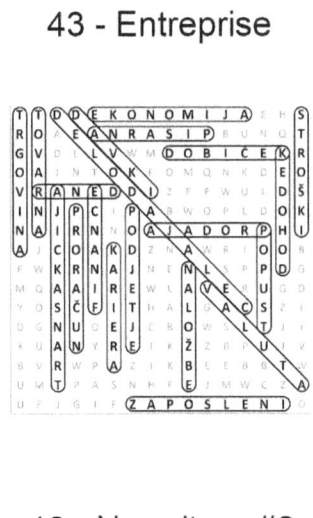

41 - Jours et Mois

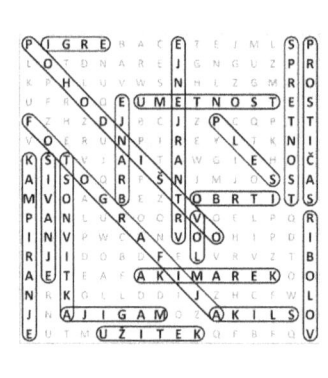

42 - Jardinage

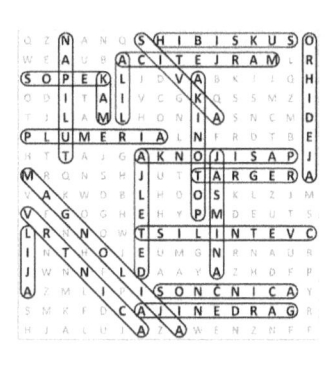

43 - Entreprise

44 - Activités

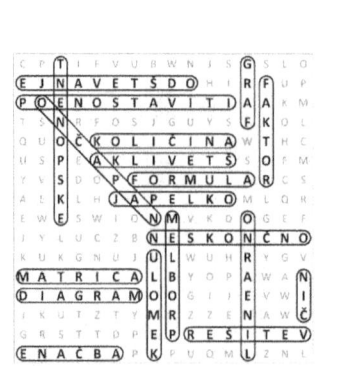

45 - Fleurs

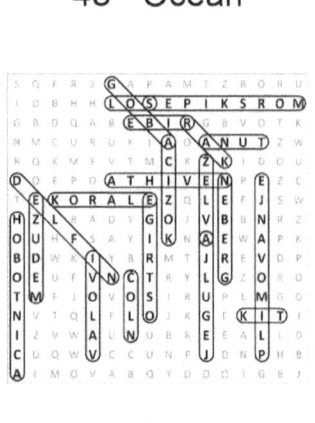

46 - Nourriture #2

47 - Algèbre

48 - Océan

49 - Remplir

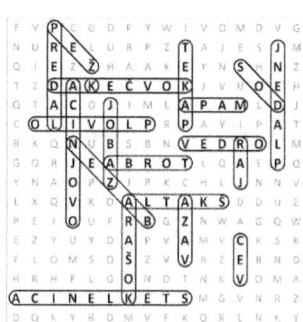

50 - Antiquités

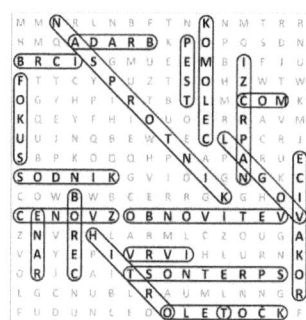

51 - Boxe

52 - Réchauffement Cli

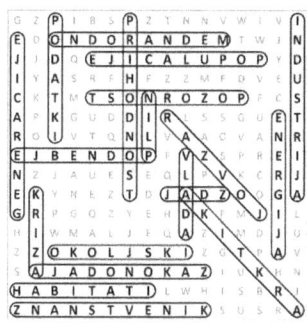

53 - Ballet

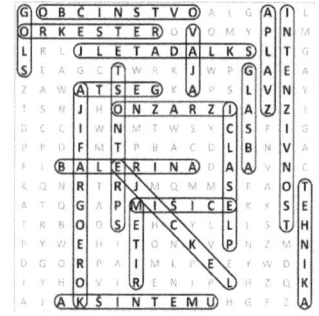

54 - Fruit

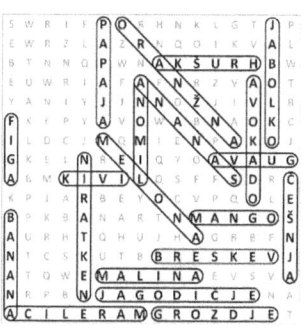

55 - Musique

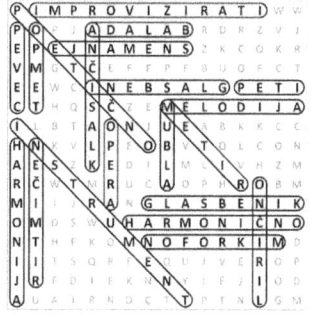

56 - Météo

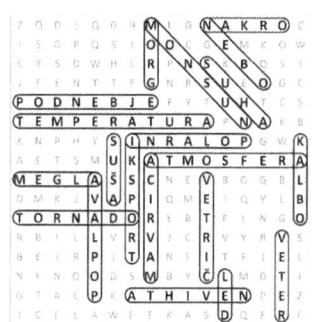

57 - L'Entreprise

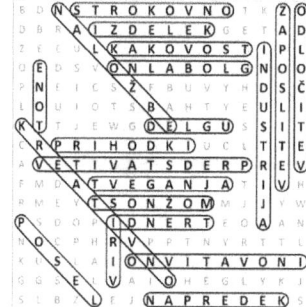

58 - Gouvernement

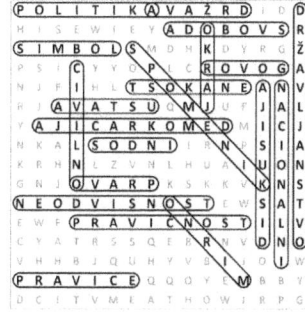

59 - Randonnée

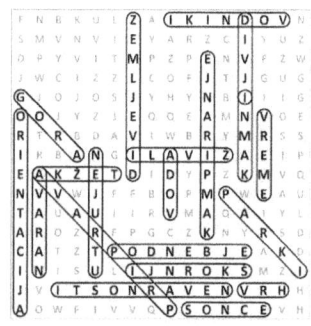

60 - Art

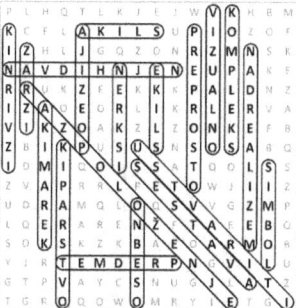

61 - Nutrition

62 - Créativité

63 - Science Fiction

64 - Professions #1

65 - Géologie

66 - Jardin

67 - Santé et Bien Être #1

68 - Barbecues

69 - Forêt Tropicale

70 - Ferme #1

71 - Antarctique

72 - Professions #2

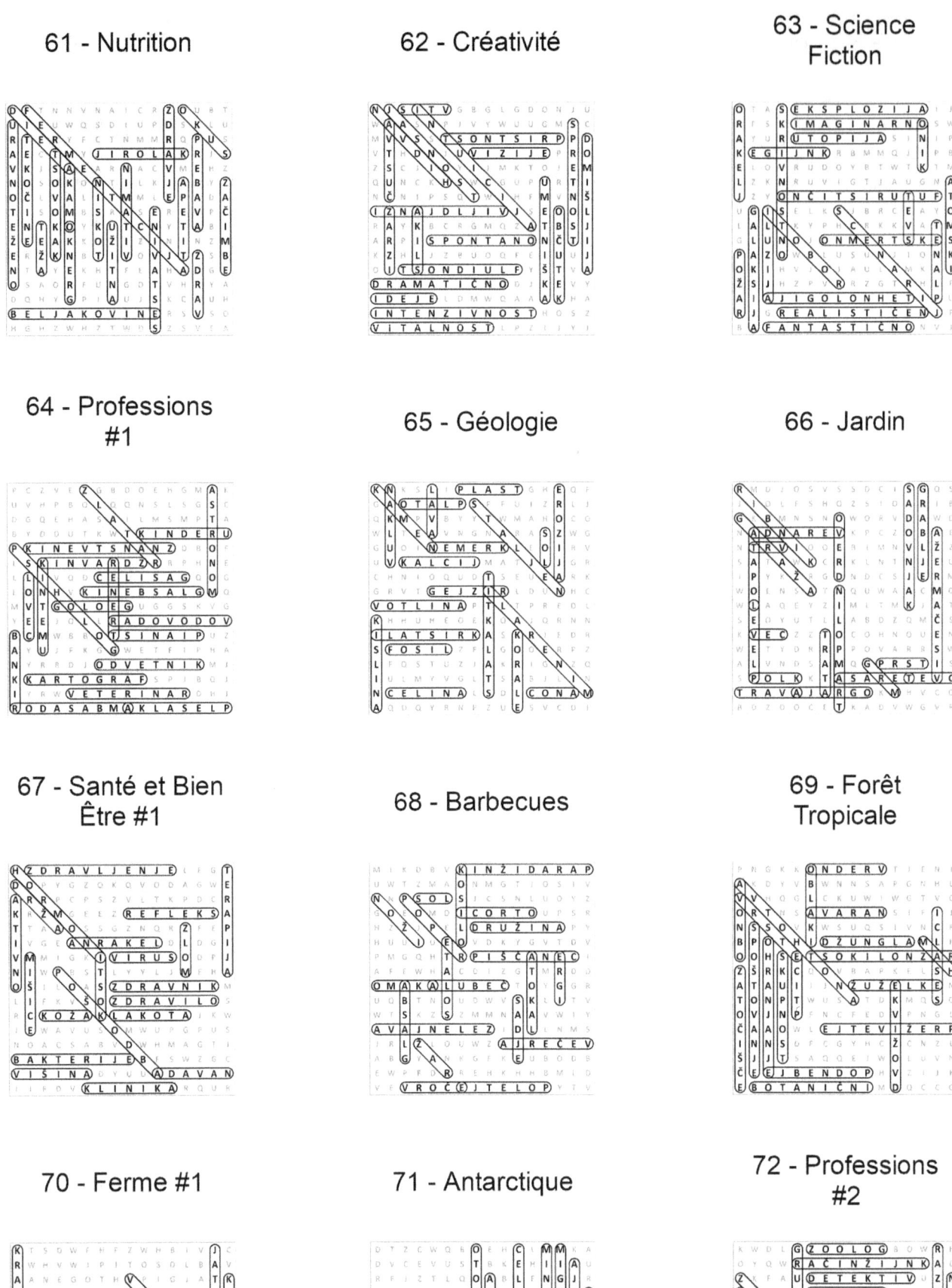

73 - Les Abeilles

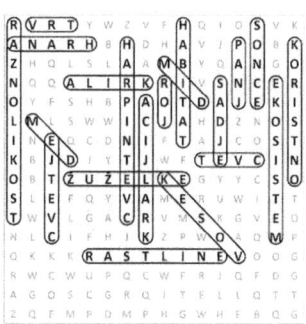

74 - Santé et Bien Être #2

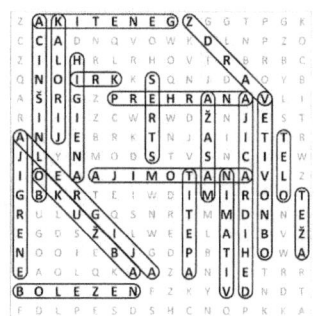

75 - Conduite

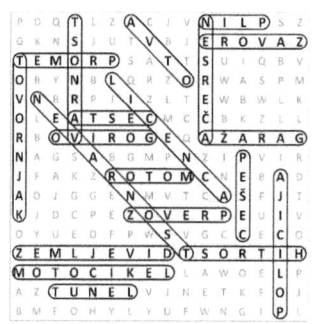

76 - Plantes

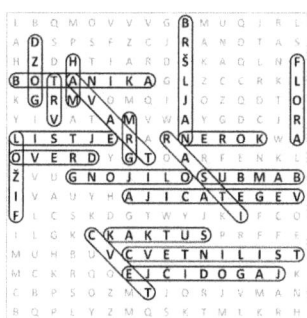

77 - Ferme #2

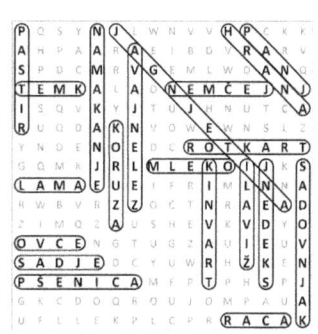

78 - Vacances #2

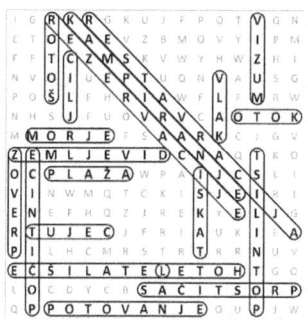

79 - Temps

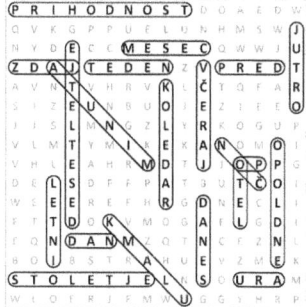

80 - Maison

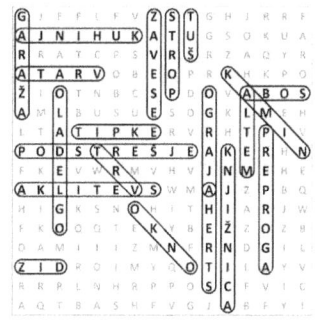

81 - Légumes

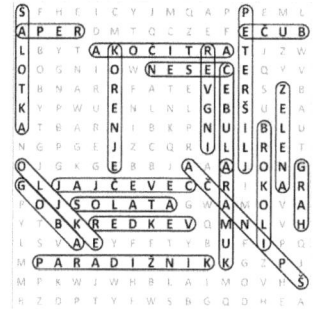

82 - Famille

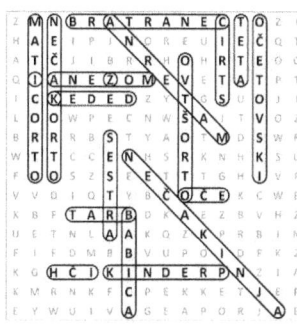

83 - Oiseaux

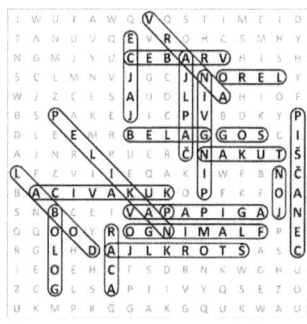

84 - Disciplines Scientifiques

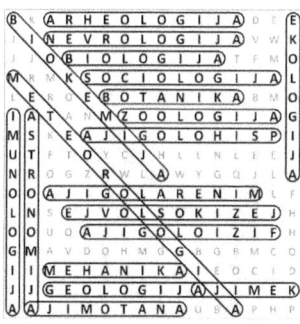

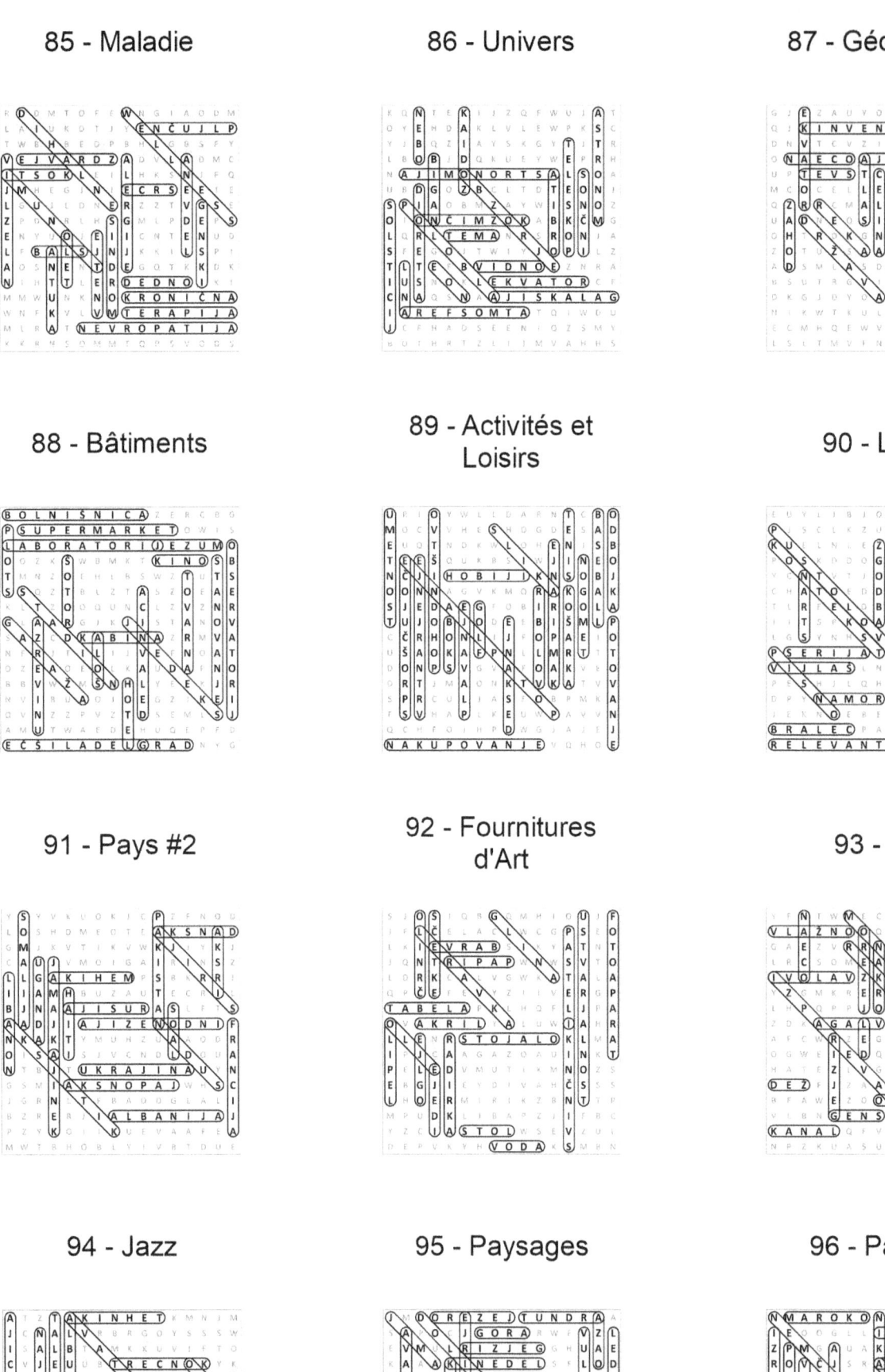

85 - Maladie

86 - Univers

87 - Géographie

88 - Bâtiments

89 - Activités et Loisirs

90 - Livres

91 - Pays #2

92 - Fournitures d'Art

93 - Eau

94 - Jazz

95 - Paysages

96 - Pays #1

97 - Nombres

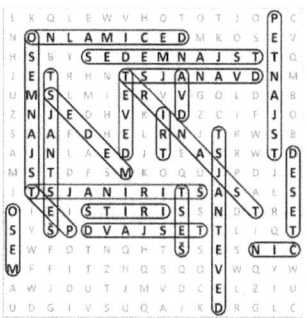

98 - Psychologie

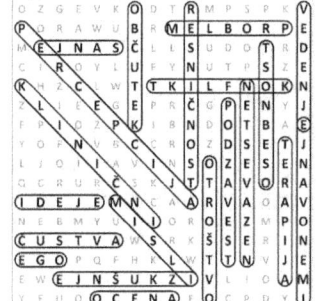

99 - Chimie

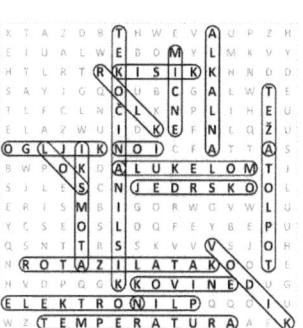

100 - Bateaux

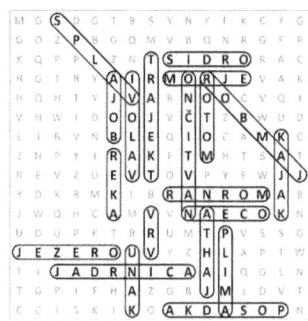

Dictionnaire

Activités
Dejavnosti

Activité	Aktivnost
Art	Umetnost
Artisanat	Obrti
Camping	Kampiranje
Céramique	Keramika
Chasse	Lov
Compétence	Spretnost
Couture	Šivanje
Danse	Ples
Jardinage	Vrtnarjenje
Jeux	Igre
Lecture	Branje
Loisir	Prosti Čas
Magie	Magija
Peinture	Slika
Pêche	Ribolov
Photographie	Fotografija
Plaisir	Užitek
Randonnée	Pohodništvo
Relaxation	Sprostitev

Activités et Loisirs
Aktivnosti in Prosti Čas

Achats	Nakupovanje
Art	Umetnost
Base-Ball	Baseball
Basket-Ball	Košarka
Boxe	Boks
Camping	Kampiranje
Football	Nogomet
Golf	Golf
Jardinage	Vrtnarjenje
Nager	Plavanje
Passe-Temps	Hobiji
Peinture	Slika
Pêche	Ribolov
Plongée	Potapljanje
Randonnée	Pohodništvo
Relaxant	Sproščujoče
Surf	Deskanje
Tennis	Tenis
Volley-Ball	Odbojka
Voyage	Potovanje

Adjectifs #1
Pridevniki #1

Absolu	Absolutno
Actif	Aktivno
Ambitieux	Ambiciozen
Aromatique	Aromatično
Artistique	Umetniška
Attractif	Privlačna
Beau	Lepa
Exotique	Eksotično
Énorme	Ogromno
Généreux	Velikodušen
Honnête	Iskren
Identique	Identično
Important	Pomembno
Innocent	Nedolžen
Jeune	Mlad
Lent	Počasen
Lourd	Težka
Mince	Tanek
Moderne	Moderno
Parfait	Popoln

Adjectifs #2
Pridevniki #2

Authentique	Verodostojno
Célèbre	Slaven
Créatif	Kreativno
Descriptif	Opisno
Doué	Nadarjen
Dramatique	Dramatično
Élégant	Elegantno
Fier	Ponosen
Fort	Močno
Intéressant	Zanimivo
Naturel	Naravni
Nouveau	Novo
Productif	Produktivno
Puissant	Močan
Pur	Čista
Responsable	Odgovoren
Sain	Zdrav
Salé	Slan
Sauvage	Divji
Sec	Suha

Agronomie
Agronomija

Agriculture	Kmetijstvo
Croissance	Rast
Eau	Voda
Engrais	Gnojilo
Environnement	Okolje
Écologie	Ekologija
Énergie	Energija
Érosion	Erozija
Étude	Študija
Graines	Semena
Légumes	Zelenjava
Maladies	Bolezni
Nourriture	Hrana
Pollution	Onesnaževanje
Production	Proizvodnja
Recherche	Raziskave
Rural	Podeželski
Science	Znanost
Sol	Prst
Systèmes	Sistemi

Algèbre
Algebra

Diagramme	Diagram
Exposant	Eksponent
Équation	Enačba
Facteur	Faktor
Faux	Napačno
Formule	Formula
Fraction	Ulomek
Graphique	Graf
Infini	Neskončno
Linéaire	Linearno
Matrice	Matrica
Nombre	Številka
Parenthèse	Oklepaj
Problème	Problem
Quantité	Količina
Simplifier	Poenostaviti
Solution	Rešitev
Soustraction	Odštevanje
Variable	Spremenljivka
Zéro	Nič

Antarctique
Antarktika

Baie	Zaliv
Baleines	Kiti
Chercheur	Raziskovalec
Conservation	Ohranjanje
Continent	Celina
Eau	Voda
Environnement	Okolje
Expédition	Ekspedicija
Géographie	Geografija
Glace	Led
Glaciers	Ledeniki
Îles	Otoki
Migration	Migracija
Minéraux	Minerali
Oiseaux	Ptice
Péninsule	Polotok
Rocheux	Skalnata
Scientifique	Znanstveni
Température	Temperatura
Topographie	Topografija

Antiquités
Starine

Art	Umetnost
Authentique	Verodostojno
Bijoux	Nakit
Décoratif	Okrasna
Enchères	Dražba
Élégant	Elegantno
Galerie	Galerija
Inhabituel	Nenavadno
Investissement	Naložbe
Meubles	Pohištvo
Peintures	Slike
Pièces	Kovanci
Prix	Cena
Qualité	Kakovost
Restauration	Obnova
Sculpture	Kiparstvo
Siècle	Stoletje
Style	Slog
Valeur	Vrednost
Vieux	Star

Archéologie
Arheologija

Analyse	Analiza
Années	Let
Antiquité	Antika
Chercheur	Raziskovalec
Civilisation	Civilizacija
Descendant	Potomec
Expert	Strokovnjak
Ère	Era
Équipe	Ekipa
Évaluation	Vrednotenje
Fossile	Fosil
Inconnu	Neznano
Mystère	Skrivnost
Objets	Predmeti
Os	Kosti
Oublié	Pozabili
Professeur	Profesor
Relique	Relikvija
Temple	Tempelj
Tombe	Grobnica

Art
Umetnost

Céramique	Keramika
Complexe	Kompleks
Composition	Sestava
Créer	Ustvariti
Expression	Izraz
Figure	Slika
Honnête	Iskren
Humeur	Razpoloženje
Inspiré	Navdihnjen
Original	Izvirnik
Peintures	Slike
Personnel	Osebno
Poésie	Poezija
Sculpture	Kiparstvo
Simple	Preprosto
Sujet	Predmet
Surréalisme	Nadrealizem
Symbole	Simbol
Visuel	Vizualno

Arts Visuels
Vizualne Umetnosti

Architecture	Arhitektura
Argile	Glina
Artiste	Umetnik
Céramique	Keramika
Charbon	Oglje
Chef-D'Œuvre	Mojstrovina
Chevalet	Stojalo
Cire	Vosek
Composition	Sestava
Craie	Kreda
Crayon	Svinčnik
Créativité	Ustvarjalnost
Film	Film
Peinture	Slika
Perspective	Perspektiva
Portrait	Portret
Poterie	Lončarstvo
Sculpture	Skulptura
Stylo	Pen
Vernis	Lak

Astronomie
Astronomija

Astéroïde	Asteroid
Astronaute	Astronavt
Astronome	Astronom
Ciel	Nebo
Constellation	Ozvezdje
Cosmos	Kozmos
Éclipse	Mrk
Équinoxe	Enakonočje
Fusée	Raketa
Galaxie	Galaksija
Lune	Luna
Météore	Meteor
Nébuleuse	Meglica
Observatoire	Observatorij
Planète	Planet
Radiation	Sevanje
Solaire	Sončni
Supernova	Supernova
Terre	Zemlja
Univers	Vesolje

Aventure
Pustolovščina

Activité	Aktivnost
Beauté	Lepota
Bravoure	Pogum
Chance	Priložnost
Dangereux	Nevarno
Destination	Cilj
Défis	Izzivi
Difficulté	Težavnost
Enthousiasme	Navdušenje
Excursion	Izlet
Inhabituel	Nenavadno
Itinéraire	Itinerar
Joie	Veselje
Nature	Narava
Navigation	Navigacija
Nouveau	Novo
Préparation	Priprava
Sécurité	Varnost
Surprenant	Presenetljivo
Voyages	Potovanja

Avions
Letala

Air	Zrak
Atmosphère	Atmosfera
Atterrissage	Pristanek
Aventure	Pustolovščina
Ballon	Balon
Carburant	Gorivo
Ciel	Nebo
Construction	Gradnja
Descente	Sestop
Direction	Smer
Équipage	Posadka
Gonfler	Napihni
Hauteur	Višina
Hélices	Propelerji
Histoire	Zgodovina
Hydrogène	Vodik
Moteur	Motor
Passager	Potnik
Pilote	Pilot
Turbulence	Turbulenca

Ballet
Balet

Applaudissement	Aplavz
Artistique	Umetniška
Ballerine	Balerina
Chorégraphie	Koreografija
Compétence	Spretnost
Compositeur	Skladatelj
Danseurs	Plesalci
Expressif	Izrazno
Geste	Gesta
Intensité	Intenzivnost
Leçons	Lekcije
Muscles	Mišice
Musique	Glasba
Orchestre	Orkester
Public	Občinstvo
Répétition	Vaja
Rythme	Ritem
Style	Slog
Technique	Tehnika

Barbecues
Ražnji

Chaud	Vroče
Couteaux	Noži
Déjeuner	Kosilo
Dîner	Večerja
Enfants	Otroci
Été	Poletje
Faim	Lakota
Famille	Družina
Fruit	Sadje
Gril	Žar
Jeux	Igre
Légumes	Zelenjava
Musique	Glasba
Oignons	Čebula
Poivre	Poper
Poulet	Piščanec
Salades	Solate
Sauce	Omaka
Sel	Sol
Tomates	Paradižnik

Bateaux
Čolni

Ancre	Sidro
Bouée	Boja
Canoë	Kanu
Corde	Vrv
Équipage	Posadka
Ferry	Trajekt
Fleuve	Reka
Kayak	Kajak
Lac	Jezero
Marée	Plima
Marin	Mornar
Mât	Jambor
Mer	Morje
Moteur	Motor
Nautique	Navtično
Océan	Ocean
Radeau	Splav
Vagues	Valovi
Voilier	Jadrnica
Yacht	Jahta

Bâtiments
Zgradbe

Appartement	Stanovanje
Atelier	Delavnica
Cabine	Kabina
Château	Grad
Cinéma	Kino
École	Šola
Garage	Garaža
Grange	Skedenj
Hôpital	Bolnišnica
Hôtel	Hotel
Laboratoire	Laboratorij
Musée	Muzej
Observatoire	Observatorij
Stade	Stadion
Supermarché	Supermarket
Tente	Šotor
Théâtre	Gledališče
Tour	Stolp
Université	Univerza
Usine	Tovarna

Beauté
Lepota

Boucles	Kodri
Charme	Čar
Ciseaux	Škarje
Cosmétique	Kozmetika
Couleur	Barva
Élégance	Elegance
Élégant	Elegantno
Grâce	Milost
Huiles	Olja
Lisse	Gladko
Maquillage	Ličila
Mascara	Maskara
Miroir	Ogledalo
Parfum	Dišava
Peau	Koža
Photogénique	Fotogenično
Rouge à Lèvres	Šminka
Services	Storitve
Shampooing	Šampon
Styliste	Stilist

Biologie
Biologija

Anatomie	Anatomija
Bactéries	Bakterije
Cellule	Celica
Chromosome	Kromosom
Collagène	Kolagen
Embryon	Zarodek
Enzyme	Encim
Évolution	Evolucija
Hormone	Hormon
Mammifère	Sesalec
Mutation	Mutacija
Naturel	Naravni
Nerf	Živec
Neurone	Nevron
Osmose	Osmoza
Photosynthèse	Fotosinteza
Protéine	Beljakovine
Reptile	Plazilec
Symbiose	Simbioza
Synapse	Sinapse

Boxe
Boks

Adversaire	Nasprotnik
Arbitre	Sodnik
Blessures	Rane
Cloche	Zvonec
Coin	Vogal
Combattant	Borec
Compétence	Spretnost
Concentrer	Fokus
Cordes	Vrvi
Corps	Telo
Coude	Komolec
Coup	Brci
Épuisé	Izčrpan
Force	Moč
Gants	Rokavice
Menton	Brada
Poing	Pest
Points	Točk
Rapide	Hitro
Récupération	Obnovitev

Camping
Kampiranje

Animaux	Živali
Aventure	Pustolovščina
Boussole	Kompas
Cabine	Kabina
Canoë	Kanu
Carte	Zemljevid
Chapeau	Klobuk
Chasse	Lov
Corde	Vrv
Équipement	Oprema
Feu	Požar
Forêt	Gozd
Hamac	Viseča Mreža
Insecte	Žuželke
Lac	Jezero
Lanterne	Luč
Lune	Luna
Montagne	Gora
Nature	Narava
Tente	Šotor

Chimie
Kemija

Acide	Kislina
Alcalin	Alkalna
Atomique	Atomski
Carbone	Ogljik
Catalyseur	Katalizator
Chaleur	Toplota
Chlore	Klor
Enzyme	Encim
Électron	Elektron
Gaz	Plin
Hydrogène	Vodik
Ion	Ion
Liquide	Tekočina
Métaux	Kovine
Molécule	Molekula
Nucléaire	Jedrsko
Oxygène	Kisik
Poids	Teža
Sel	Sol
Température	Temperatura

Chocolat
Čokolada

Amer	Grenko
Antioxydant	Antioksidant
Arôme	Aroma
Bonbon	Sladkarije
Cacahuètes	Arašidi
Cacao	Cacao
Calories	Kalorij
Caramel	Karamela
Délicieux	Odlično
Doux	Sladko
Envie	Hrepenenje
Exotique	Eksotično
Favori	Najljubši
Goût	Okus
Ingrédient	Sestavina
Noix de Coco	Kokos
Poudre	Prah
Qualité	Kakovost
Recette	Recept
Sucre	Sladkor

Conduite
Vožnja

Accident	Nesreča
Camion	Tovornjak
Carburant	Gorivo
Carte	Zemljevid
Danger	Nevarnost
Freins	Zavore
Garage	Garaža
Gaz	Plin
Licence	Licenca
Moteur	Motor
Moto	Motocikel
Piéton	Pešec
Police	Policija
Route	Cesta
Sécurité	Varnost
Trafic	Promet
Transport	Prevoz
Tunnel	Tunel
Vitesse	Hitrost
Voiture	Avto

Corps Humain
Člověško Telo

Bouche	Usta
Cerveau	Možgani
Cheville	Gleženj
Cou	Vrat
Coude	Komolec
Cœur	Srce
Doigt	Prst
Estomac	Želodec
Épaule	Rama
Genou	Koleno
Lèvres	Ustnice
Main	Roka
Mâchoire	Čeljust
Menton	Brada
Nez	Nos
Oreille	Uho
Peau	Koža
Sang	Kri
Tête	Glava
Visage	Obraz

Créativité
Ustvarjalnost

Artistique	Umetniška
Authenticité	Pristnost
Clarté	Jasnost
Compétence	Spretnost
Dramatique	Dramatično
Expression	Izraz
Émotions	Čustva
Fluidité	Fluidnost
Idées	Ideje
Image	Slika
Imagination	Domišljija
Impression	Vtis
Inspiration	Navdih
Intensité	Intenzivnost
Intuition	Intuicija
Inventif	Iznajdljiv
Sensation	Občutek
Spontané	Spontano
Visions	Vizije
Vitalité	Vitalnost

Cuisine
Kuhinja

Baguettes	Palčke
Bol	Skleda
Bouilloire	Kotliček
Congélateur	Zamrzovalnik
Couteaux	Noži
Cruche	Vrč
Cuillères	Žlice
Épices	Začimbe
Éponge	Goba
Four	Pečica
Fourchettes	Vilice
Gril	Žar
Louche	Zajemalka
Nourriture	Hrana
Pot	Jar
Recette	Recept
Réfrigérateur	Hladilnik
Serviette	Prtiček
Tablier	Predpasnik
Tasses	Skodelice

Diplomatie
Diplomacija

Ambassadeur	Ambasador
Citoyens	Državljani
Civique	Civic
Communauté	Skupnost
Conflit	Konflikt
Conseiller	Svetovalec
Coopération	Sodelovanje
Diplomatique	Diplomatski
Discussion	Diskusija
Éthique	Etika
Étranger	Tuj
Gouvernement	Vlada
Humanitaire	Humanitarna
Intégrité	Celovitost
Justice	Pravičnost
Politique	Politika
Résolution	Resolucija
Sécurité	Varnost
Solution	Rešitev
Traité	Pogodba

Disciplines Scientifiques
Znanstvene Discipline

Anatomie	Anatomija
Archéologie	Arheologija
Astronomie	Astronomija
Biochimie	Biokemija
Biologie	Biologija
Botanique	Botanika
Chimie	Kemija
Écologie	Ekologija
Géologie	Geologija
Immunologie	Imunologija
Linguistique	Jezikoslovje
Mécanique	Mehanika
Météorologie	Meteorologija
Minéralogie	Mineralogija
Neurologie	Nevrologija
Physiologie	Fiziologija
Psychologie	Psihologija
Sociologie	Sociologija
Thermodynamique	Termodinamika
Zoologie	Zoologija

Eau
Voda

Canal	Kanal
Douche	Prha
Évaporation	Izparevanje
Fleuve	Reka
Gel	Zmrzal
Geyser	Gejzir
Glace	Led
Humide	Vlažno
Humidité	Vlaga
Inondation	Poplava
Irrigation	Namakanje
Lac	Jezero
Mousson	Monsun
Neige	Sneg
Océan	Ocean
Ouragan	Orkan
Pluie	Dež
Potable	Pitno
Vagues	Valovi
Vapeur	Para

Entreprise
Poslovna

Argent	Denar
Boutique	Trgovina
Budget	Proračun
Bureau	Pisarna
Carrière	Kariera
Coût	Stroški
Devise	Valuta
Employeur	Delodajalec
Employé	Zaposleni
Entreprise	Podjetje
Économie	Ekonomija
Finance	Finance
Impôts	Davki
Investissement	Naložbe
Profit	Dobiček
Revenu	Dohodek
Réduction	Popust
Transaction	Transakcija
Usine	Tovarna
Vente	Prodaja

Écologie
Ekologija

Bénévoles	Prostovoljci
Climat	Podnebje
Communautés	Skupnosti
Diversité	Raznolikost
Durable	Trajnostno
Espèce	Vrste
Faune	Favna
Flore	Flora
Habitat	Habitat
Marais	Močvirje
Marin	Morski
Montagnes	Gore
Nature	Narava
Naturel	Naravni
Plantes	Rastline
Ressources	Viri
Sécheresse	Suša
Survie	Preživetje
Variété	Sorta
Végétation	Vegetacija

Électricité
Električna Energija

Aimant	Magnet
Ampoule	Žarnica
Batterie	Baterija
Câble	Kabel
Électricien	Električar
Électrique	Električni
Équipement	Oprema
Fils	Žice
Générateur	Generator
Lampe	Svetilka
Laser	Laser
Négatif	Negativno
Objets	Predmeti
Positif	Pozitiven
Prise	Vtičnica
Quantité	Količina
Réseau	Omrežje
Stockage	Skladiščenje
Téléphone	Telefon
Télévision	Televizija

Énergie
Energetika

Batterie	Baterija
Carbone	Ogljik
Carburant	Gorivo
Chaleur	Toplota
Diesel	Dizel
Entropie	Entropija
Environnement	Okolje
Essence	Bencin
Électrique	Električni
Électron	Elektron
Hydrogène	Vodik
Industrie	Industrija
Moteur	Motor
Nucléaire	Jedrsko
Photon	Foton
Pollution	Onesnaževanje
Renouvelable	Obnovljiv
Soleil	Sonce
Turbine	Turbina
Vent	Veter

Épices
Začimbe

Aigre	Kislo
Ail	Česen
Amer	Grenko
Anis	Janež
Cannelle	Cimet
Cardamome	Kardamom
Coriandre	Koriander
Cumin	Kumina
Curcuma	Kurkuma
Curry	Curry
Doux	Sladko
Fenouil	Koromač
Gingembre	Ingver
Oignon	Čebula
Paprika	Paprika
Poivre	Poper
Safran	Žafran
Saveur	Okus
Sel	Sol
Vanille	Vanilija

Famille
Družinska

Ancêtre	Prednik
Cousin	Bratranec
Enfance	Otroštvo
Enfant	Otrok
Enfants	Otroci
Femme	Žena
Fille	Hči
Frère	Brat
Grand-Mère	Babica
Grand-Père	Dedek
Mari	Mož
Maternel	Materna
Mère	Mati
Neveu	Nečak
Nièce	Nečakinja
Oncle	Stric
Paternel	Očetovski
Père	Oče
Soeur	Sestra
Tante	Teta

Ferme #1
Kmetija #1

Abeille	Čebela
Agriculture	Kmetijstvo
Âne	Osel
Bison	Bizon
Champ	Polje
Chat	Mačka
Cheval	Konj
Chèvre	Koza
Chien	Pes
Clôture	Ograja
Corbeau	Vrana
Eau	Voda
Engrais	Gnojilo
Foin	Seno
Miel	Med
Poulet	Piščanec
Riz	Riž
Troupeau	Jata
Vache	Krava
Veau	Tele

Ferme #2
Kmetija #2

Agneau	Jagnjetina
Agriculteur	Kmet
Animaux	Živali
Berger	Pastir
Blé	Pšenica
Canard	Raca
Fruit	Sadje
Grange	Skedenj
Irrigation	Namakanje
Lait	Mleko
Lama	Lama
Légume	Zelenjava
Maïs	Koruza
Mouton	Ovce
Nourriture	Hrana
Orge	Ječmen
Pré	Travnik
Ruche	Panj
Tracteur	Traktor
Verger	Sadovnjak

Fleurs
Cvetovi

Bouquet	Šopek
Gardénia	Gardenija
Hibiscus	Hibiskus
Jasmin	Jasmina
Lavande	Sivka
Lilas	Lila
Lys	Lija
Magnolia	Magnolija
Marguerite	Marjetica
Orchidée	Orhideja
Passiflore	Pasijonka
Pavot	Mak
Pétale	Cvetni List
Pissenlit	Regrat
Pivoine	Potonika
Plumeria	Plumeria
Rose	Vrtnica
Tournesol	Sončnica
Trèfle	Detelja
Tulipe	Tulipan

Force et Gravité
Sila in Gravitacija

Axe	Os
Centre	Center
Découverte	Odkritje
Distance	Razdalja
Dynamique	Dinamično
Expansion	Širitev
Friction	Trenje
Impact	Vpliv
Magnétisme	Magnetizem
Mécanique	Mehanika
Mouvement	Gibanje
Orbite	Orbita
Physique	Fizika
Planètes	Planeti
Poids	Teža
Pression	Tlak
Propriétés	Lastnosti
Temps	Čas
Universel	Univerzalno
Vitesse	Hitrost

Forêt Tropicale
Deževni Gozd

Amphibiens	Dvoživke
Botanique	Botanični
Climat	Podnebje
Communauté	Skupnost
Diversité	Raznolikost
Espèce	Vrste
Indigène	Avtohtona
Insectes	Žuželke
Jungle	Džungla
Mammifères	Sesalci
Mousse	Mah
Nature	Narava
Nuage	Oblaki
Oiseaux	Ptice
Précieux	Vredno
Préservation	Ohranjanje
Refuge	Zatočišče
Respect	Spoštovanje
Restauration	Obnova
Survie	Preživetje

Formes
Oblike

Arc	Lok
Bords	Robovi
Carré	Kvadrat
Cercle	Krog
Coin	Vogal
Courbe	Krivulja
Cône	Stožec
Côté	Stran
Cube	Kocka
Cylindre	Valj
Ellipse	Elipsa
Hyperbole	Hiperbola
Ligne	Črta
Ovale	Ovalna
Polygone	Poligon
Prisme	Prizmo
Pyramide	Piramida
Rectangle	Pravokotnik
Sphère	Sfera
Triangle	Trikotnik

Fournitures d'Art
Potrebščine za Umetnine

Acrylique	Akril
Aquarelles	Akvarel
Argile	Glina
Brosses	Ščetke
Caméra	Fotoaparat
Chaise	Stol
Charbon	Oglje
Chevalet	Stojalo
Colle	Lepilo
Couleurs	Barve
Crayons	Svinčniki
Créativité	Ustvarjalnost
Eau	Voda
Encre	Črnilo
Gomme	Radirka
Huile	Olje
Idées	Ideje
Papier	Papir
Pastels	Pasteli
Table	Tabela

Fruit
Sadje

Abricot	Marelica
Ananas	Ananas
Avocat	Avokado
Baie	Jagodičje
Banane	Banana
Cerise	Češnja
Citron	Limona
Figue	Figa
Framboise	Malina
Goyave	Guava
Kiwi	Kivi
Mangue	Mango
Melon	Melona
Nectarine	Nektarin
Orange	Oranžna
Papaye	Papaja
Pêche	Breskev
Poire	Hruška
Pomme	Jabolko
Raisin	Grozdje

Géographie
Geografija

Altitude	Višina
Atlas	Atlas
Carte	Zemljevid
Continent	Celina
Équateur	Ekvator
Fleuve	Reka
Hémisphère	Polobla
Île	Otok
Mer	Morje
Méridien	Poldnevnik
Monde	Svet
Montagne	Gora
Nord	Sever
Océan	Ocean
Ouest	Zahod
Pays	Država
Région	Regija
Sud	Jug
Territoire	Ozemlje
Ville	Mesto

Géologie
Geologija

Acide	Kislina
Calcium	Kalcij
Caverne	Votlina
Continent	Celina
Corail	Korale
Couche	Plast
Cristaux	Kristali
Érosion	Erozija
Fondu	Staljen
Fossile	Fosil
Geyser	Gejzir
Lave	Lava
Minéraux	Minerali
Pierre	Kamen
Plateau	Plato
Quartz	Kremen
Sel	Sol
Stalactite	Stalaktit
Volcan	Vulkan
Zone	Cona

Géométrie
Geometrija

Angle	Kot
Calcul	Izračun
Cercle	Krog
Courbe	Krivulja
Diamètre	Premer
Dimension	Dimenzija
Équation	Enačba
Hauteur	Višina
Logique	Logika
Masse	Masa
Médian	Mediana
Nombre	Število
Parallèle	Vzporedno
Proportion	Delež
Segment	Segment
Surface	Površina
Symétrie	Simetrija
Théorie	Teorija
Triangle	Trikotnik
Vertical	Navpično

Gouvernement
Država

Citoyenneté	Državljanstvo
Civil	Civilno
Constitution	Ustava
Démocratie	Demokracija
Discours	Govor
Discussion	Diskusija
District	Okraj
Droits	Pravice
Égalité	Enakost
Indépendance	Neodvisnost
Judiciaire	Sodni
Justice	Pravičnost
Liberté	Svoboda
Loi	Pravo
Monument	Spomenik
Nation	Država
National	Nacionalni
Paisible	Mirno
Politique	Politika
Symbole	Simbol

Herboristerie
Zeliščarstvo

Ail	Česen
Aromatique	Aromatično
Basilic	Bazilika
Bénéfique	Koristno
Culinaire	Kulinarika
Estragon	Pehtran
Fenouil	Koromač
Fleur	Cvet
Ingrédient	Sestavina
Jardin	Vrt
Lavande	Sivka
Marjolaine	Majaron
Menthe	Meta
Persil	Peteršilj
Qualité	Kakovost
Romarin	Rožmarin
Safran	Žafran
Saveur	Okus
Thym	Timijan
Vert	Zelena

Ingénierie
Inženirstvo

Angle	Kot
Axe	Os
Calcul	Izračun
Construction	Gradnja
Diagramme	Diagram
Diamètre	Premer
Diesel	Dizel
Distribution	Distribucija
Engrenages	Zobniki
Énergie	Energija
Force	Moč
Liquide	Tekočina
Machine	Stroj
Mesure	Meritev
Moteur	Motor
Profondeur	Globina
Propulsion	Pogon
Rotation	Rotacija
Stabilité	Stabilnost
Structure	Struktura

Instruments de Musique
Glasbila

Banjo	Banjo
Basson	Fagot
Clarinette	Klarinet
Flûte	Flavta
Gong	Gong
Guitare	Kitara
Harmonica	Orglice
Harpe	Harfa
Hautbois	Oboa
Mandoline	Mandolina
Marimba	Marimba
Percussion	Tolkala
Piano	Klavir
Saxophone	Saksofon
Tambour	Boben
Tambourin	Tamburin
Trombone	Trombon
Trompette	Trobenta
Violon	Violina
Violoncelle	Violončelo

Jardin
Vrt

Arbre	Drevo
Banc	Klop
Buisson	Grm
Clôture	Ograja
Étang	Ribnik
Fleur	Cvet
Garage	Garaža
Hamac	Viseča Mreža
Herbe	Trava
Jardin	Vrt
Mauvaises Herbes	Plevel
Pelle	Lopata
Pelouse	Trata
Porche	Veranda
Râteau	Grablje
Sol	Prst
Terrasse	Terasa
Trampoline	Trampolin
Tuyau	Cev
Verger	Sadovnjak

Jardinage
Vrtnarjenje

Botanique	Botanični
Bouquet	Šopek
Climat	Podnebje
Comestible	Užitna
Compost	Kompost
Eau	Voda
Espèce	Vrste
Exotique	Eksotično
Feuillage	Listje
Feuille	List
Fleur	Cvet
Floral	Cvetni
Graines	Semena
Humidité	Vlaga
Récipient	Posoda
Saisonnier	Sezonsko
Saleté	Umazanija
Sol	Prst
Tuyau	Cev
Verger	Sadovnjak

Jazz
Jazz

Accent	Poudarek
Album	Album
Artiste	Umetnik
Célèbre	Slaven
Chanson	Pesem
Compositeur	Skladatelj
Composition	Sestava
Concert	Koncert
Favoris	Najljubši
Genre	Žanr
Improvisation	Improvizacija
Musique	Glasba
Nouveau	Novo
Orchestre	Orkester
Rythme	Ritem
Style	Slog
Talent	Talent
Tambours	Bobni
Technique	Tehnika
Vieux	Star

Jours et Mois
Dnevi in Meseci

Août	Avgust
Avril	April
Calendrier	Koledar
Dimanche	Nedelja
Février	Februar
Janvier	Januar
Jeudi	Četrtek
Juillet	Julij
Juin	Junij
Lundi	Ponedeljek
Mardi	Torek
Mars	Marec
Mercredi	Sreda
Mois	Mesec
Novembre	November
Octobre	Oktober
Samedi	Sobota
Semaine	Teden
Septembre	September
Vendredi	Petek

L'Entreprise
Podjetje

Affaires	Posel
Créatif	Kreativno
Décision	Odločitev
Emploi	Zaposlitev
Global	Globalno
Industrie	Industrija
Innovant	Inovativno
Investissement	Naložbe
Possibilité	Možnost
Présentation	Predstavitev
Produit	Izdelek
Professionnel	Strokovno
Progrès	Napredek
Qualité	Kakovost
Ressources	Viri
Revenu	Prihodki
Réputation	Ugled
Risques	Tveganja
Tendances	Trendi
Unités	Enot

Les Abeilles
Čebele

Ailes	Krila
Bénéfique	Koristno
Cire	Vosek
Diversité	Raznolikost
Essaim	Roj
Écosystème	Ekosistem
Fleur	Cvet
Fleurs	Cvetje
Fruit	Sadje
Fumée	Dim
Habitat	Habitat
Insecte	Žuželke
Jardin	Vrt
Miel	Med
Nourriture	Hrana
Plantes	Rastline
Pollen	Cvetni Prah
Reine	Kraljica
Ruche	Panj
Soleil	Sonce

Les Médias
Mediji

Attitudes	Odnos
Commercial	Komercialni
Communication	Sporočilo
En Ligne	Na Spletu
Édition	Izdaja
Éducation	Izobraževanje
Faits	Dejstva
Images	Slike
Individuel	Posameznik
Industrie	Industrija
Intellectuel	Intelektualno
Journaux	Časopisi
Local	Lokalni
Numérique	Digitalno
Opinion	Mnenje
Photos	Fotografije
Public	Javno
Radio	Radio
Réseau	Omrežje
Télévision	Televizija

Légumes
Zelenjava

Ail	Česen
Artichaut	Artičoka
Aubergine	Jajčevec
Brocoli	Brokoli
Carotte	Korenje
Céleri	Zelena
Champignon	Goba
Citrouille	Buče
Concombre	Kumara
Échalote	Šalotka
Épinard	Špinača
Gingembre	Ingver
Navet	Repa
Oignon	Čebula
Olive	Oljke
Persil	Peteršilj
Pois	Grah
Radis	Redkev
Salade	Solata
Tomate	Paradižnik

Littérature
Literatura

Analogie	Analogija
Analyse	Analiza
Anecdote	Anekdota
Auteur	Avtor
Biographie	Biografija
Comparaison	Primerjava
Conclusion	Sklep
Description	Opis
Dialogue	Dialog
Fiction	Fikcija
Métaphore	Metafora
Opinion	Mnenje
Poème	Pesem
Poétique	Poetično
Rime	Rima
Roman	Roman
Rythme	Ritem
Style	Slog
Thème	Tema
Tragédie	Tragedija

Livres
Knjige

Auteur	Avtor
Aventure	Pustolovščina
Collection	Zbirka
Contexte	Kontekst
Dualité	Dvojnost
Écrit	Pisno
Épique	Epski
Histoire	Zgodba
Historique	Zgodovinski
Humoristique	Šaljiv
Inventif	Iznajdljiv
Lecteur	Bralec
Littéraire	Literarno
Page	Stran
Pertinent	Relevantno
Poème	Pesem
Poésie	Poezija
Roman	Roman
Série	Serija
Tragique	Tragično

Maison
Hiša

Balai	Metla
Bibliothèque	Knjižnica
Chambre	Soba
Cheminée	Kamin
Clés	Tipke
Clôture	Ograja
Cuisine	Kuhinja
Douche	Tuš
Fenêtre	Okno
Garage	Garaža
Grenier	Podstrešje
Jardin	Vrt
Lampe	Svetilka
Miroir	Ogledalo
Mur	Zid
Plafond	Strop
Porte	Vrata
Rideaux	Zavese
Tapis	Preproga
Toit	Streha

Maladie
Bolezen

Aigu	Akutna
Allergies	Alergije
Bien-Être	Wellness
Chronique	Kronična
Contagieux	Nalezljiv
Corps	Telo
Cœur	Srce
Faible	Slab
Génétique	Genski
Héréditaire	Dedno
Immunité	Imunost
Inflammation	Vnetje
Lombaire	Ledvena
Neuropathie	Nevropatija
Os	Kosti
Pulmonaire	Pljučne
Respiratoire	Dihalne
Santé	Zdravje
Syndrome	Sindrom
Thérapie	Terapija

Mammifères
Sesalci

Baleine	Kit
Chat	Mačka
Cheval	Konj
Chien	Pes
Coyote	Kojot
Dauphin	Delfin
Éléphant	Slon
Girafe	Žirafa
Gorille	Gorila
Kangourou	Kenguru
Lapin	Zajec
Lion	Lev
Loup	Volk
Mouton	Ovce
Ours	Medved
Renard	Lisica
Singe	Opica
Taureau	Bik
Tigre	Tiger
Zèbre	Zebra

Mathématiques
Matematika

Angles	Koti
Arithmétique	Aritmetika
Carré	Kvadrat
Circonférence	Obod
Décimal	Decimalno
Diamètre	Premer
Exposant	Eksponent
Équation	Enačba
Fraction	Ulomek
Géométrie	Geometrija
Parallèle	Vzporedno
Parallélogramme	Paralelogram
Perpendiculaire	Pravokotno
Périmètre	Obseg
Polygone	Poligon
Rayon	Polmer
Rectangle	Pravokotnik
Somme	Vsota
Symétrie	Simetrija
Triangle	Trikotnik

Méditation
Meditacija.

Acceptation	Sprejem
Attention	Pozornost
Calme	Miren
Clarté	Jasnost
Compassion	Sočutje
Émotions	Čustva
Éveillé	Buden
Gentillesse	Prijaznost
Gratitude	Hvaležnost
Habitudes	Navade
Mental	Duševno
Mouvement	Gibanje
Musique	Glasba
Nature	Narava
Observation	Opazovanje
Paix	Mir
Perspective	Perspektiva
Posture	Drža
Respiration	Dihanje
Silence	Tišina

Météo
Vreme

Arc-En-Ciel	Mavrica
Atmosphère	Atmosfera
Brise	Vetrič
Brouillard	Megla
Ciel	Nebo
Climat	Podnebje
Glace	Led
Inondation	Poplava
Mousson	Monsun
Nuage	Oblak
Ouragan	Orkan
Polaire	Polarni
Sec	Suha
Sécheresse	Suša
Température	Temperatura
Tempête	Nevihta
Tonnerre	Grom
Tornade	Tornado
Tropical	Tropski
Vent	Veter

Musique
Glasba

Album	Album
Ballade	Balada
Chanter	Peti
Chanteur	Pevec
Classique	Klasična
Enregistrement	Snemanje
Harmonie	Harmonija
Harmonique	Harmonično
Improviser	Improvizirati
Instrument	Instrument
Lyrique	Lirično
Mélodie	Melodija
Microphone	Mikrofon
Musical	Glasbeni
Musicien	Glasbenik
Opéra	Opera
Poétique	Poetično
Rythme	Ritem
Rythmique	Ritmičen
Tempo	Tempo

Mythologie
Mitologija

Archétype	Arhetip
Catastrophe	Katastrofa
Comportement	Vedenje
Création	Ustvarjanje
Créature	Bitje
Culture	Kultura
Éclair	Strele
Force	Moč
Guerrier	Bojevnik
Héroïne	Junakinja
Héros	Junak
Immortalité	Nesmrtnost
Jalousie	Ljubosumje
Labyrinthe	Labirint
Légende	Legenda
Magique	Čarobno
Monstre	Pošast
Mortel	Smrtni
Tonnerre	Grom
Vengeance	Maščevanje

Nombres
Številke

Cinq	Pet
Deux	Dva
Décimal	Decimalno
Dix	Deset
Dix-Huit	Osemnajst
Dix-Neuf	Devetnajst
Dix-Sept	Sedemnajst
Douze	Dvanajst
Huit	Osem
Neuf	Devet
Quatorze	Štirinajst
Quatre	Štiri
Quinze	Petnajst
Seize	Šestnajst
Sept	Sedem
Six	Šest
Treize	Trinajst
Trois	Tri
Vingt	Dvajset
Zéro	Nič

Nourriture #1
Hrana #1

Ail	Česen
Basilic	Bazilika
Café	Kava
Cannelle	Cimet
Carotte	Korenje
Citron	Limona
Épinard	Špinača
Fraise	Jagoda
Jus	Sok
Lait	Mleko
Navet	Repa
Oignon	Čebula
Orge	Ječmen
Poire	Hruška
Salade	Solata
Sel	Sol
Soupe	Juha
Sucre	Sladkor
Thon	Tuna
Viande	Meso

Nourriture #2
Hrana #2

Amande	Mandljev
Aubergine	Jajčevec
Banane	Banana
Blé	Pšenica
Brocoli	Brokoli
Cerise	Češnja
Céleri	Zelena
Champignon	Goba
Chocolat	Čokolada
Jambon	Šunka
Kiwi	Kivi
Mangue	Mango
Oeuf	Jajce
Pain	Kruh
Poisson	Ribe
Pomme	Jabolko
Poulet	Piščanec
Raisin	Grozdje
Riz	Riž
Tomate	Paradižnik

Nutrition
Prehrana

Amer	Grenko
Appétit	Apetit
Calories	Kalorij
Comestible	Užitna
Diète	Dieta
Digestion	Prebava
Épices	Začimbe
Équilibré	Uravnoteženo
Fermentation	Fermentacija
Ingrédients	Sestavine
Liquides	Tekočine
Poids	Teža
Protéines	Beljakovine
Qualité	Kakovost
Sain	Zdrav
Santé	Zdravje
Sauce	Omaka
Saveur	Okus
Toxine	Toksin
Vitamine	Vitamin

Océan
Ocean

Anguille	Jegulja
Baleine	Kit
Bateau	Čoln
Corail	Korale
Crabe	Rak
Crevette	Kozica
Dauphin	Delfin
Éponge	Goba
Huître	Ostrige
Marées	Plimovanje
Méduse	Meduze
Poisson	Ribe
Poulpe	Hobotnica
Requin	Morski Pes
Récif	Greben
Sel	Sol
Tempête	Nevihta
Thon	Tuna
Tortue	Želva
Vagues	Valovi

Oiseaux
Ptice

Aigle	Orel
Autruche	Noj
Canard	Raca
Cigogne	Štorklja
Colombe	Golob
Corbeau	Vrana
Coucou	Kukavica
Cygne	Labod
Flamant	Flamingo
Héron	Čaplja
Manchot	Pingvin
Moineau	Vrabec
Mouette	Galeb
Oeuf	Jajce
Oie	Gos
Paon	Pav
Perroquet	Papiga
Pélican	Pelikan
Poulet	Piščanec
Toucan	Tukan

Pays #1
Države #1

Afghanistan	Afganistan
Allemagne	Nemčija
Argentine	Argentina
Brésil	Brazilija
Canada	Kanada
Espagne	Španija
Équateur	Ekvador
Finlande	Finska
Inde	Indija
Israël	Izrael
Libye	Libija
Mali	Mali
Maroc	Maroko
Nicaragua	Nikaragva
Norvège	Norveška
Panama	Panama
Philippines	Filipini
Pologne	Poljska
Roumanie	Romunija
Venezuela	Venezuela

Pays #2
Države #2

Albanie	Albanija
Chine	Kitajska
Danemark	Danska
France	Francija
Haïti	Haiti
Indonésie	Indonezija
Irlande	Irska
Jamaïque	Jamajka
Japon	Japonska
Kenya	Kenija
Laos	Laos
Liban	Libanon
Mexique	Mehika
Ouganda	Uganda
Pakistan	Pakistan
Russie	Rusija
Somalie	Somalija
Soudan	Sudan
Syrie	Sirija
Ukraine	Ukrajina

Paysages
Pokrajine

Cascade	Slap
Colline	Hrib
Désert	Puščava
Estuaire	Ustje
Fleuve	Reka
Geyser	Gejzir
Glacier	Ledenik
Grotte	Jama
Iceberg	Ledena Gora
Île	Otok
Lac	Jezero
Marais	Močvirje
Mer	Morje
Montagne	Gora
Oasis	Oaza
Péninsule	Polotok
Plage	Plaža
Toundra	Tundra
Vallée	Dolina
Volcan	Vulkan

Philanthropie
Filantropija

Besoin	Potreba
Buts	Cilji
Charité	Dobrodelnost
Communauté	Skupnost
Contacts	Stiki
Défis	Izzivi
Enfants	Otroci
Finance	Finance
Fonds	Sredstva
Gens	Ljudje
Générosité	Velikodušnost
Global	Globalno
Groupes	Skupine
Histoire	Zgodovina
Honnêteté	Poštenost
Humanité	Človeštvo
Jeunesse	Mladina
Mission	Misija
Programmes	Programi
Public	Javno

Physique
Fizika

Accélération	Pospešek
Atome	Atom
Chaos	Kaos
Chimique	Kemikalija
Densité	Gostota
Électron	Elektron
Formule	Formula
Fréquence	Frekvenca
Gaz	Plin
Gravité	Gravitacija
Magnétisme	Magnetizem
Masse	Masa
Mécanique	Mehanika
Molécule	Molekula
Moteur	Motor
Nucléaire	Jedrsko
Particule	Delec
Relativité	Relativnost
Universel	Univerzalno
Vitesse	Hitrost

Plantes
Rastline

Arbre	Drevo
Baie	Jagodičje
Bambou	Bambus
Botanique	Botanika
Buisson	Grm
Cactus	Kaktus
Engrais	Gnojilo
Feuillage	Listje
Fleur	Cvet
Flore	Flora
Forêt	Gozd
Grandir	Rasti
Haricot	Fižol
Herbe	Trava
Jardin	Vrt
Lierre	Bršljan
Mousse	Mah
Pétale	Cvetni List
Racine	Koren
Végétation	Vegetacija

Professions #1
Poklici #1

Ambassadeur	Ambasador
Artiste	Umetnik
Astronome	Astronom
Avocat	Odvetnik
Banquier	Bankir
Bijoutier	Zlatar
Cartographe	Kartograf
Chasseur	Lovec
Danseur	Plesalka
Entraîneur	Trener
Éditeur	Urednik
Géologue	Geolog
Médecin	Zdravnik
Musicien	Glasbenik
Pianiste	Pianist
Plombier	Vodovodar
Pompier	Gasilec
Psychologue	Psiholog
Scientifique	Znanstvenik
Vétérinaire	Veterinar

Professions #2
Poklici #2

Astronaute	Astronavt
Bibliothécaire	Knjižničar
Biologiste	Biolog
Chercheur	Raziskovalec
Chirurgien	Kirurg
Dentiste	Zobozdravnik
Détective	Detektiv
Enseignant	Učitelj
Illustrateur	Ilustrator
Ingénieur	Inženir
Inventeur	Izumitelj
Jardinier	Vrtnar
Journaliste	Novinar
Linguiste	Jezikoslovec
Médecin	Zdravnik
Peintre	Slikar
Philosophe	Filozof
Photographe	Fotograf
Pilote	Pilot
Zoologiste	Zoolog

Psychologie
Psihologija

Clinique	Klinični
Comportement	Vedenje
Conflit	Konflikt
Ego	Ego
Enfance	Otroštvo
Expériences	Izkušnje
Émotions	Čustva
Évaluation	Ocena
Idées	Ideje
Inconscient	Nezavesten
Pensées	Misli
Perception	Percepcija
Personnalité	Osebnost
Problème	Problem
Rendez-Vous	Imenovanje
Réalité	Resničnost
Rêves	Sanje
Sensation	Občutek
Subconscient	Podzavest
Thérapie	Terapija

Randonnée
Pohodništvo

Animaux	Živali
Bottes	Škornji
Camping	Kampiranje
Carte	Zemljevid
Climat	Podnebje
Dangers	Nevarnosti
Eau	Voda
Fatigué	Utrujen
Guides	Vodniki
Lourd	Težka
Météo	Vreme
Montagne	Gora
Nature	Narava
Orientation	Orientacija
Parcs	Parki
Pierres	Kamni
Préparation	Priprava
Sauvage	Divji
Soleil	Sonce
Sommet	Vrh

Remplir
Za Zapolnitev

Baignoire	Kad
Baril	Sod
Bassin	Bazen
Boîte	Škatla
Bouteille	Steklenica
Caisse	Zaboj
Dossier	Mapa
Enveloppe	Ovojnica
Navire	Plovilo
Panier	Košara
Paquet	Paket
Plateau	Pladenj
Poche	Žep
Pot	Jar
Sac	Torba
Seau	Vedro
Tiroir	Predal
Tube	Cev
Valise	Kovček
Vase	Vaza

Restaurant #2
Restavracija #2

Boisson	Pijača
Chaise	Stol
Cuillère	Žlica
Déjeuner	Kosilo
Délicieux	Odlično
Dîner	Večerja
Eau	Voda
Épices	Začimbe
Fourchette	Vilice
Fruit	Sadje
Gâteau	Torta
Glace	Led
Légumes	Zelenjava
Nouilles	Rezanci
Oeuf	Jajca
Poisson	Ribe
Salade	Solata
Sel	Sol
Serveur	Natakar
Soupe	Juha

Réchauffement Climatique
Globalno Segrevanje

Arctique	Arktika
Attention	Pozornost
Climat	Podnebje
Crise	Kriza
Développement	Razvoj
Données	Podatki
Environnemental	Okoljski
Énergie	Energija
Futur	Prihodnost
Gaz	Plin
Générations	Generacije
Gouvernement	Vlada
Habitats	Habitati
Industrie	Industrija
International	Mednarodno
Législation	Zakonodaja
Maintenant	Zdaj
Populations	Populacije
Scientifique	Znanstvenik
Températures	Temperature

Santé et Bien-Être #1
Zdravje in Dobro Počutje

Actif	Aktivno
Bactéries	Bakterije
Blessure	Poškodba
Clinique	Klinika
Faim	Lakota
Fracture	Zlom
Habitude	Navada
Hauteur	Višina
Hormone	Hormoni
Médecin	Zdravnik
Médicament	Zdravilo
Muscles	Mišice
Os	Kosti
Peau	Koža
Pharmacie	Lekarna
Posture	Drža
Réflexe	Refleks
Thérapie	Terapija
Traitement	Zdravljenje
Virus	Virus

Santé et Bien-Être #2
Zdravje in Dobro Počutje

Allergie	Alergija
Anatomie	Anatomija
Appétit	Apetit
Calorie	Kalorij
Corps	Telo
Déshydratation	Dehidracija
Énergie	Energija
Génétique	Genetika
Hôpital	Bolnišnica
Hygiène	Higiena
Infection	Okužba
Maladie	Bolezen
Massage	Masaža
Nutrition	Prehrana
Poids	Teža
Récupération	Obnovitev
Sain	Zdrav
Sang	Kri
Stress	Stres
Vitamine	Vitamin

Science
Znanost

Atome	Atom
Chimique	Kemikalija
Climat	Podnebje
Données	Podatki
Expérience	Poskus
Évolution	Evolucija
Fait	Dejstvo
Fossile	Fosil
Gravité	Gravitacija
Hypothèse	Hipoteza
Laboratoire	Laboratorij
Méthode	Metoda
Minéraux	Minerali
Molécules	Molekule
Nature	Narava
Observation	Opazovanje
Organisme	Organizem
Particules	Delci
Physique	Fizika
Scientifique	Znanstvenik

Science-Fiction
Znanstvena Fantastika.

Atomique	Atomski
Cinéma	Kino
Explosion	Eksplozija
Extrême	Ekstremno
Fantastique	Fantastično
Feu	Požar
Futuriste	Futuristično
Galaxie	Galaksija
Illusion	Iluzija
Imaginaire	Imaginarno
Livres	Knjige
Monde	Svet
Mystérieux	Skrivnostno
Oracle	Orakelj
Planète	Planet
Réaliste	Realističen
Robots	Roboti
Scénario	Scenarij
Technologie	Tehnologija
Utopie	Utopija

Temps
Čas

Année	Leto
Annuel	Letni
Après	Po
Aujourd'Hui	Danes
Avant	Pred
Bientôt	Kmalu
Calendrier	Koledar
Décennie	Desetletje
Futur	Prihodnost
Hier	Včeraj
Horloge	Ura
Jour	Dan
Maintenant	Zdaj
Matin	Jutro
Midi	Opoldne
Minute	Minuta
Mois	Mesec
Nuit	Noč
Semaine	Teden
Siècle	Stoletje

Types de Cheveux
Vrste Las

Argent	Srebro
Blanc	Bela
Blond	Blond
Boucles	Kodri
Brillant	Sijoče
Chauve	Plešast
Court	Kratek
Doux	Mehko
Épais	Debel
Frisé	Kodrasti
Gris	Siva
Long	Dolga
Marron	Rjav
Mince	Tanek
Noir	Črna
Ondulé	Valovita
Sain	Zdrav
Sec	Suha
Tresses	Kite
Tressé	Pleteno

Univers
Vesolje

Astéroïde	Asteroid
Astronome	Astronom
Astronomie	Astronomija
Atmosphère	Atmosfera
Ciel	Nebo
Cosmique	Kozmično
Éon	Eon
Équateur	Ekvator
Galaxie	Galaksija
Hémisphère	Polobla
Horizon	Obzorje
Inclinaison	Nagib
Lune	Luna
Obscurité	Tema
Orbite	Orbita
Solaire	Sončni
Solstice	Solsticij
Télescope	Teleskop
Visible	Vidno
Zodiaque	Zodiak

Vacances #2
Počitniški #2

Aéroport	Letališče
Camping	Kampiranje
Carte	Zemljevid
Destination	Cilj
Étranger	Tujec
Hôtel	Hotel
Île	Otok
Loisir	Prosti Čas
Mer	Morje
Passeport	Potni List
Plage	Plaža
Restaurant	Restavracija
Réservations	Rezervacije
Taxi	Taksi
Tente	Šotor
Train	Vlak
Transport	Prevoz
Vacances	Počitnice
Visa	Vizum
Voyage	Potovanje

Véhicules
Vozila

Ambulance	Ambulanta
Avion	Letalo
Bateau	Čoln
Bus	Avtobus
Camion	Tovornjak
Caravane	Karavana
Ferry	Trajekt
Fusée	Raketa
Hélicoptère	Helikopter
Moteur	Motor
Pneus	Pnevmatike
Radeau	Splav
Scooter	Skuter
Sous-Marin	Podmornica
Taxi	Taksi
Tracteur	Traktor
Train	Vlak
Van	Van
Vélo	Kolo
Voiture	Avto

Vêtements
Oblačila

Bracelet	Zapestnica
Ceinture	Pas
Chapeau	Klobuk
Chaussure	Čevelj
Chemise	Srajca
Chemisier	Bluza
Collier	Ogrlica
Foulard	Šal
Gants	Rokavice
Jeans	Kavbojke
Jupe	Krilo
Manteau	Plašč
Mode	Moda
Pantalon	Hlače
Pull	Pulover
Pyjama	Pižame
Robe	Obleka
Sandales	Sandali
Tablier	Predpasnik
Veste	Jakna

Ville
Mesto

Aéroport	Letališče
Banque	Banka
Bibliothèque	Knjižnica
Boulangerie	Pekarna
Cinéma	Kino
Clinique	Klinika
École	Šola
Fleuriste	Cvetličar
Galerie	Galerija
Hôtel	Hotel
Librairie	Knjigarna
Marché	Trg
Musée	Muzej
Pharmacie	Lekarna
Restaurant	Restavracija
Stade	Stadion
Supermarché	Supermarket
Théâtre	Gledališče
Université	Univerza
Zoo	Živalski Vrt

Félicitations

Vous avez réussi !

Nous espérons que vous avez apprécié ce livre autant que nous avons pris plaisir à le concevoir. Nous faisons de notre mieux pour créer des livres de la meilleure qualité possible.
Cette édition est conçue pour permettre un apprentissage intelligent et de qualité en se divertissant !

Vous avez aimé ce livre ?

Une Simple Demande

Nos livres existent grâce aux avis que vous publiez. Pourriez-vous nous aider en laissant un avis maintenant ?

Voici un lien rapide qui vous mènera à votre page d'évaluation de vos commandes :

BestBooksActivity.com/Avis50

CHALLENGE FINAL !

Défi n°1

Êtes-vous prêt pour votre jeu bonus ? Nous les utilisons tout le temps mais ils ne sont pas si faciles à trouver. Voici les **Synonymes** !

Notez 5 mots que vous avez trouvés dans les puzzles notés ci-dessous (n°21, n°36, n°76) et essayez de trouver 2 synonymes pour chaque mot.

Notez 5 Mots du **Puzzle 21**

Mots	Synonyme 1	Synonyme 2

Notez 5 Mots du **Puzzle 36**

Mots	Synonyme 1	Synonyme 2

Notez 5 Mots du **Puzzle 76**

Mots	Synonyme 1	Synonyme 2

Défi n°2

Maintenant que vous vous êtes échauffé, notez 5 mots que vous avez découverts dans les Puzzles n° 9, n° 17, n° 25 et essayez de trouver 2 antonymes pour chaque mot. Combien pouvez-vous en trouver en 20 minutes ?

Notez 5 Mots du **Puzzle 9**

Mots	Antonyme 1	Antonyme 2

Notez 5 Mots du **Puzzle 17**

Mots	Antonyme 1	Antonyme 2

Notez 5 Mots du **Puzzle 25**

Mots	Antonyme 1	Antonyme 2

Défi n°3

Formidable ! Ce défi final n'est rien pour vous.

Prêt pour le dernier défi ? Choisissez 10 mots que vous avez découverts parmi les différents puzzles et notez-les ci-dessous.

1.	6.
2.	7.
3.	8.
4.	9.
5.	10.

Maintenant, composez un texte en pensant à une personne, un animal ou un lieu que vous aimez !

Astuce: Vous pouvez utiliser la dernière page de ce livre comme brouillon !

Votre Composition :

_____

_____

_____

_____

_____

_____

_____

CARNET DE NOTES :

À TRÈS BIENTÔT !

Toute l'équipe

DECOUVREZ DES JEUX GRATUITS

GO

↓

BESTACTIVITYBOOKS.COM/FREEGAMES